La France a-t-elle encore envie d'avenir ?

5-7, rue de l'École-Polytechnique, 75005 Paris

www harmattan.com
diffusion.harmattan@wanadoo.fr
harmattan1@wanadoo.fr

ISBN : 978-2-343-03307-5
EAN : 9782343033075

Tony JAGU

La France a-t-elle encore envie d'avenir ?

L'Harmattan

DU MÊME AUTEUR

Changer d'air, pour une gouvernance d'entreprise nouvelle, 2013, L'Harmattan.

Les carnets d'un cinéphile, 2014, La Société des écrivains.

AVANT-PROPOS

Chaque semaine la France est dénigrée par la presse anglo-saxonne, comme un pays malade de sa fiscalité, et de son Etat-providence qui connaît une évasion de ses forces vives. En effet, hommes d'affaires, chercheurs, entrepreneurs innovants, cadres supérieurs, et esprits créatifs vont développer leurs talents ailleurs. Les symptômes de cet exil s'expliquent par des charges sociales trop lourdes, un taux d'imposition de nombreux contribuables devenu insupportable pour financer un état dépensier qui freine la croissance économique. Créer son entreprise demeure un acte difficile quand on sait qu'on aura du mal à financer son projet, et que la procédure de licenciement pour l' employeur repose sur le principe de proportionnalité entre la liberté d'entreprendre et le droit à l'emploi pour le salarié, avec l'obligation du respect des procédures, face à la volatilité des marchés. Certains étudiants et jeunes diplômés ne voient plus aucun avenir en France et s'enfuient à Londres, en Europe et dans le monde entier. Le « Hollande-bashing » s'exporte bien. Le pays de l'Etat-providence qui défend une idéologie politique qui combine et défend des préoccupations conservatrices et corporatistes manque cruellement d'esprit entrepreneurial. Quel gâchis ! l'Hexagone chute malgré de solides acquis, et les indicateurs socioéconomiques tétanisent la classe politique avec sa légion de cinq millions de chômeurs et de précaires, de millions de pauvres, d'assistés et de mal-logés.

Ce livre n'est pas un réquisitoire, mais cherche à déclencher une prise de conscience des erreurs factuelles répétées de notre pays qui expliquent notre déclin constant, depuis les trois dernières décennies. Construire une nouvelle ambition fait naître des commentaires sarcastiques, mais oblige le pays à se poser enfin les bonnes questions. La tentation de la classe politique de ne rien changer de ce modèle social-étatique illustre la faillite de nos dirigeants et de nos élites totalement discréditées. Il faudrait être bien malhonnête pour dresser un bilan favorable, de la perte de compétitivité de nos entreprises, de la désertification industrielle et entrepreneuriale et de notre trop faible performance de croissance chronique. Le financement de la protection sociale, le nombre de fonctionnaires, les revendications catégorielles déconnectées des réalités et des impératifs économiques ruinent la France et obligent les Français à une plus grande lucidité et à plus de courage pour éviter que le pays ne s'enfonce dans la récession.

Mais ne nous trompons pas, scolarité, travail, citoyenneté, consommation, la société doit évoluer et générer un nouveau modèle économique et social, soutenue par une classe politique qui ne cesse de se retrancher à l'abri des institutions et favorise enfin le goût d'entreprendre, pour affronter la mondialisation. N'entretenons pas la confusion : la propriété privée, le libre- échange et l'économie de marché sont les trois piliers du libéralisme économique. Au contraire, la société française à bout de souffle verrouille tout, refusant les menaces des procédures de transformation de la Commission européenne. La conséquence, un Etat-providence suffocant et des lois du travail surprotectrices pour certains chassent les plus brillants du pays. La normalité de la gauche, et le socialisme font mourir la France d'une mort lente, mais certaine. Au bout du chemin, il y a inévitablement l'effondrement. Le redressement aura lieu après la chute qui menace d'embraser le pays tout entier. Pour se réveiller, le pays doit se réinventer. Le climat de notre pays est devenu étouffant, où le politiquement correct et les officines bien-pensantes se chargent de contrôler la pensée unique avec un zèle ahurissant. Pour affronter la tempête, il nous faut nous libérer des élites de gauche et de droite qui se fichent totalement de l'avenir du pays, et qui ne s'intéressent qu'à conserver leurs prérogatives, complices du pouvoir, qui nous entraînent indubitablement vers une gouvernance mondiale. Le chaos, est-il voulu par l'oligarchie qui nous gouverne ? Dans ce contexte, les Français devront mettre un bémol à leurs certitudes, et choisir un nouveau destin. A défaut, l'indignation fera place à la révolte. La patrie des droits de l'homme n'est plus le phare de l'humanité, et l'impuissance s'amplifie quand l'autorité politique n'a plus prise sur la réalité économique. L'hypocrisie consisterait à ignorer pourquoi tant de dirigeants français traversent la manche ou l'océan Atlantique pour faire fortune ailleurs. La France se meurt lentement, les observateurs étrangers, et les journalistes du monde entier ne sont pas dupes. Mes propos ne sont ni calomnieux, ni violents, ni injurieux, mais le chemin pour parvenir aux changements doit lever toutes les interdictions pour sortir de l'impasse, en prolongeant la question sur les valeurs de la démocratie. Si la descente aux enfers peut encore être évitée, reconnaître les erreurs du socialisme français fait écho à la gestion nouvelle d'une refonte sociétale répondant aux besoins d'une nation en souffrance.

Le verdict est incontestable, et confirme le mécontentement grandissant de l'opinion publique. François Hollande va payer pour ses prédécesseurs qui n'ont pas voulu ou n'ont pas su engager les réformes. La courbe fatale du chômage, la crise économique, la compétitivité des entreprises nécessitent des initiatives politiques accélérées. Le manque de confiance des chefs d'entreprise et des investisseurs explique les raisons pour lesquelles ils n'ont plus aucune raison de s'installer et d'investir en France. La chasse aux sorcières des riches médiatiquement organisée participe à ce chantage inacceptable. Si la France est au bord du chaos, la majorité des Français se révoltera contre la ruine du pays et la décadence. Du refus... à la résistance, le Printemps français est proche.

CHAPITRE I

L'impasse

Osons parler du droit d'inventaire !

Depuis 2008, et malgré la crise économique, nos politiques de gauche comme de droite nous font croire que la France avance et continue de se réformer. Les lignes ont bougé, et nos élus nous rassurent que notre pays n'est pas condamné à l'immobilisme ou au déclin. Protéger les Français, garder la France dans les premiers rangs des nations était la promesse du candidat Sarkozy élu sur la simple promesse du changement.

Les premiers jours du quinquennat, le chef de l'Etat, et le Premier ministre François Fillon avec la majorité parlementaire concentraient déjà leurs actions sur les sujets fondamentaux de l'emploi, de la sécurité, et de l'autorité de l'Etat. A peine élu, Nicolas Sarkozy a dû œuvrer en urgence pour circonscrire la chute de l'activité, la hausse du chômage et les faillites bancaires. Les turbulences monétaires sur la Grèce, l'Irlande et le Portugal menaçaient la maîtrise de nos finances publiques.

Encourager le travail, protéger les victimes d'agressions de délinquants et réduire la dette publique constituaient l'ossature du programme du candidat Sarkozy, afin de réaffirmer les valeurs de la République, et de miser sur le développement durable et pérenne.

Pourquoi rendre hommage à l'action du gouvernement Fillon, qui devait enfin relever les défis de l'avenir du pays ? Les amis de Nicolas nous privent du droit d'inventaire, tant ses partisans militent pour entretenir l'idée d'un leadership incontestable, du retour possible de leur candidat pour les présidentielles de 2017.

Les réformes tant attendues sont restées dans les cartons, et les Français ont tenté de surmonter la crise en défendant leur pouvoir d'achat, constatant une fois encore l'inexorable hausse du chômage. Les mesures de solidarité qui touchaient plus de 10 millions de ménages modestes n'ont pas suffi pour surmonter la crise, et soutenir l'économie. La récession a sévi dans l'industrie, l'automobile en particulier, la restauration, l'agriculture, le commerce de proximité, malgré les plans de nombreux soutiens à l'ensemble de notre économie afin d'éviter le pire.

Éviter l'effondrement des banques françaises n'a pas permis aux chefs d'entreprise de PME-TPE (petites et moyennes entreprises et très petites entreprises) qui représentent la grande majorité du tissu économique de l'Hexagone de pouvoir emprunter. Les amis de Nicolas nous disent que grâce à cette politique, elle a pu limiter un maximum l'impact de la crise, se vantant de la performance économique française de 2009, la moins mauvaise des pays industrialisés, avec une contraction du PIB (produit intérieur brut) de -2,6%.

Mais la dégradation de l'emploi a été brutale, malgré la sempiternelle mobilisation du gouvernement. Que faire ? Seul le retour vers le chemin de la croissance peut constituer un profond changement dans ce pays. Nos politiques se gargarisent de penser que la France est encore une grande puissance économique, dynamique et attractive. Si le quinquennat a vu la création de plus de 2,5 millions d'entreprises, des autoentrepreneurs pour la plupart, c'est que la désespérance de nombreux chômeurs les a poussés à entreprendre pour créer leur emploi. Si ce mouvement de création d'activité annonce le changement des mentalités, seul le statut de l'autoentrepreneur créé par Hervé Novelli a bénéficié d'un cadre réglementaire favorable. Pourtant la désindustrialisation massive de notre pays se poursuit à un rythme soutenu, malgré le plan d'investissements d'avenir, centré sur l'intelligence et les industries de demain.

Rétablir l'autorité de la loi face aux violences qui perturbent notre vie sociale, tous les gouvernements successifs mesurent tous les ans l'amélioration générale de la délinquance, alors que l'insécurité s'accélère et le nombre de crimes et délits ne cesse d'augmenter. L'amélioration repose souvent sur la nouvelle équation de calcul que les officines gouvernementales appliquent, pour masquer les violences aux personnes qui continuent de croître.

Notre société doit faire passer la protection des victimes avant celle des droits des délinquants, ne cessent de clamer les partisans de l'ordre, et la création de la loi du 25 février 2008, d'une rétention de sûreté vis-à-vis des criminels les plus dangereux garantissait aux citoyens une volonté sans faille contre les assassins, et une priorité très claire pour la justice. Malgré la répression accrue contre la délinquance, la montée en puissance des moyens de la justice reste insuffisante et les conditions de détention en France demeurent déplorables dans de nombreux établissements pénitentiaires.

Maîtriser l'immigration et adopter un pacte européen interdisant la poursuite des régularisations massives des sans-papiers semblaient être une priorité du candidat. Réaffirmer les valeurs républicaines de laïcité à l'école publique contre tous les communautarismes paraissait ne souffrir d'aucune ambiguïté.

L'égalité des chances pour tous, cette passion française, celle de la récompense par le travail, de l'effort et du mérite est demeurée résolument en panne pour des centaines de milliers de jeunes diplômés, de chômeurs, de seniors jetés de l'entreprise après l'âge de 45 ans. Plus 1,8 million de foyers perçoivent le RSA (revenu de solidarité active) revenu de l'assistance, en espérant survivre pour la plupart avant de retrouver un emploi hypothétique. Réhabiliter le travail dans les territoires, c'est l'impérieuse nécessité des élus de permettre d'éviter l'inactivité et la marginalisation. Si nous nous inspirions de certains modèles d'Europe du Nord, pour accompagner les salariés dans leur parcours professionnel face aux aléas de la mondialisation, l'employabilité serait au cœur des transitions professionnelles. Reclasser des salariés licenciés devient une gageure par la pénurie d'offres, et le pari de fusion de Pôle emploi, l'organisme qui accompagne les chômeurs, et celui qui les indemnise (Assedic) se débattent dans un contexte extrêmement difficile.

Instaurer une fiscalité plus juste, et ne pas augmenter les prélèvements qui pèsent sur le revenu du travail, ciblée sur les classes moyennes et populaires semblait une mesure de bon sens pour le soutien du pouvoir d'achat.

Poursuivre le catalogue des mesures du quinquennat du Président Sarkozy, c'est retenir la défiscalisation des heures supplémentaires qui a bénéficié à plus de cinq millions d'ouvriers et d 'employés, mesure en faveur du pouvoir d'achat, mais coûteuse pour le budget de l'Etat.

Les engagements de la campagne présidentielle, du Grenelle de l'environnement en passant par la garantie des chances à l'école, en valorisant la formation par alternance comme voie d'excellence, ont généré la déception car les objectifs non pas été tenus. Où sont les projets d'aménagement des territoires ruraux afin d'éviter le chômage des jeunes et la désertification des territoires ? Que penser de la rénovation urbaine pour près de 600 quartiers en difficulté ? Quelle orientation de développement économique pour les territoires d'outre-mer ?

Faire de la France une démocratie irréprochable, mieux encadrer les pouvoirs du président ou revaloriser le rôle des parlementaires sont restés des vœux illusoires, des mots derrière lesquels les politiciens ont caché frileusement leur impuissance. Mieux protéger les citoyens, établir un dialogue social riche et constructif, ou maîtriser les dépenses publiques en réduisant le nombre de fonctionnaires auraient dû s'inscrire dans le programme ambitieux pour accompagner la modernisation indispensable de notre pays.

Le sujet considérable, et maintes fois débattu, pour sauver le système français par répartition, aurait dû se placer dans un souci de justice et de responsabilité, en posant la dualité insupportable des régimes du public et du privé, en osant aborder les régimes spéciaux (SNCF, RATP, Banque de France, etc.). Aujourd'hui, pour ma génération qui appréhende la retraite dans une dizaine d'années, nous redoutons que le système ne soit plus pérenne, tout retraité, salarié modeste ou cadre, disposera d'un minimum vieillesse généralisé.

Renforcer la compétitivité, alors que notre pays néglige toujours l'investissement au profit des entreprises, a toujours bénéficié aux mêmes entreprises, celles de l'indice du CAC 40 prioritairement. Ces sociétés représentatives des différentes branches professionnelles d'activité ne reflètent pas le tissu économique français de nos territoires. Pour la plupart, elles développent leur économie en dehors de nos frontières. La tendance globale de l'économie des grandes entreprises françaises est dépendante des grands marchés financiers. Les investissements d'avenir, centrés sur l'intelligence et sur les industries de demain, ont soutenu les

TPE-PME industrielles largement à la marge dans les territoires.

Le film biographique ***La conquête*** de Xavier Durringer, sorti en mars 2011, nous fait pénétrer dans les arcanes du pouvoir avec l'ascension de Nicolas Sarkozy. Le rôle est magistralement interprété par Denis Podalydès, et les alliances, stratégies, trahisons et amitiés nous permettent de décrypter réellement une campagne qui voulait s'engager pleinement au service des citoyens, et faire face aux grands défis de la mondialisation.

Regagner le leadership de la France, renforcer son influence au sein de l'Europe, et doter notre pays de mécanismes de solidarité face à la crise de l'euro, le candidat Sarkozy semblait volontariste. Pour quelqu'un qui voulait instaurer la culture du résultat, ils sont demeurés tristement insuffisants pour l'agriculture, la politique industrielle, l'Europe de la défense, l'immigration clandestine, le maintien du pouvoir d'achat. Tous nos politiques se sont enthousiasmés pour les révolutions dans le monde arabe, notre présence militaire sur le continent africain, notre engagement renforcé en Afghanistan, ou notre détermination indéfectible de protéger le peuple libyen du colonel Kadhafi.

Les amis de Nicolas nous font croire qu'ils se sont efforcés de tracer la voie d'une régulation des marchés face au cynisme destructeur d'un capitalisme financier qui échappe à toute l'humanité. Aux différents sommets du G20, la France aurait pris la tête du combat contre les paradis fiscaux, aurait encadré les bonus des traders, la réglementation des activités de banque, le réchauffement climatique. Toutes ces gesticulations n'ont pas fédéré le cœur des Français. Les citoyens n'ont pas apprécié l'action publique qui s'est éloignée des priorités que sont l'emploi, le pouvoir d'achat et la croissance économique. Malgré les incantations oratoires répétées de Nicolas Sarkozy, écrites jour après jour avec abnégation et pugnacité par Henri Guaino, les banques ont continué de piloter le pays avec les phénomènes collatéraux qui se sont dégradés en vain. La dette se propage, le chômage s'enracine et tous nos gouvernants obligent les peuples à l'austérité. Tout cela annonce le chaos social, et la mort de la démocratie.

L'un des principaux reproches adressé à Nicolas Sarkozy est rédhibitoire pour un retour tant de fois annoncé par ses amis, c'est de s'être trop préoccupé des riches, des revenus du capital, des retraites chapeaux, des plus-values immobilières au détriment des classes moyennes et populaires. Seul le bouclier fiscal est resté dans les esprits. Les affaires, dont l'intervention en faveur de Bernard Tapie, les rétrocommissions liées à l'attentat de Karachi, l'augmentation de la dette abyssale de l'Etat pour sauver les banques, l'immigration galopante et la volonté de développer la discrimination positive, accompagnées par une hausse du chômage continue et la désindustrialisation du territoire qui handicapent résolument son retour.

Les échecs de Nicolas Sarkozy sont liés à la poursuite des inégalités sociales, le fossé persistant entre les revenus des citoyens les plus riches et ceux des plus pauvres. La crise budgétaire préoccupante et les déficits qui ont explosé, la défaillance de trop nombreuses entreprises, de commerçants et de travailleurs indépendants ayant déposé le bilan, et le chômage de masse persistant sous la pression accélérée du mouvement de délocalisation d'usines s'amplifient dangereusement. Le choc de croissance affiché, pour booster l'économie en diminuant les impôts et en augmentant le nombre d'heures travaillées, est demeuré insuffisant. « Travailler plus pour gagner plus » dresse un bilan sévère pour le budget de l'État, la dette publique et les déficits. Le quinquennat de Nicolas Sarkozy s'achève sur une série de hausses d'impôts, un sentiment d'insécurité, la traîtrise de la réforme des retraites, et la moralisation illusoire du capitalisme. Ses détracteurs ont décidé de dégager ce monarque de pacotille juché sur ses talonnettes au service des grands patrons du CAC 40, favorisant l'exil fiscal des riches en Suisse, et les capitaux dans les paradis fiscaux.

En pleine tempête, les Français ne se laisseront pas détourner de l'essentiel :

« Le changement » impératif pour éviter la multiplication des taxes et impôts afin de payer la dette publique, la dégringolade des libertés, les inégalités des retraites, l'emploi industriel, les cadeaux fiscaux pour les riches, l'explosion du chômage, la pauvreté, l'abandon de l'Education nationale, la santé menacée par le déficit de la Sécurité sociale, la croissance et la précarité au travail.

De la gauche caviar, aux renoncements de nos gouvernants

La crise de confiance touche désormais le chef de l'État et de gouvernement et le Parti socialiste. Jamais sous la Ve République, le pouvoir exécutif n'a été aussi impopulaire. Le peuple, ou la société civile ont disparu dans les médias, pendant que les riches élites conquièrent scrupuleusement leur légitimité. Les riches ont gagné sur tous les fronts, financier, politique et idéologique, et surtout médiatique. Cette évolution correspond à un tournant économique incontournable de la mondialisation. Désespérées par le chômage de masse qui sévit depuis les années 1980, et les délocalisations qui s'accélèrent vers une économie sans frontières, les classes populaires sont asphyxiées par des revenus trop faibles, et leurs emplois menacés par la concurrence. Pendant ce temps-là, les dirigeants se sont enrichis avec des revenus de plus en plus élevés ce qui modifie considérablement leur cadre de vie. La classe managériale semble avoir abandonné toute préoccupation sociale. La base du libéralisme nous enseigne que la création de valeur est bonne pour la société. Les élites de gauche ont bénéficié matériellement de ces inégalités. Mais nos experts, nos intellectuels ou nos journalistes qui perçoivent parfois vingt fois plus qu'un salaire moyen par mois marquent une distance, voire une séparation totale de deux mondes qui coexistent, s'observent mais ne se comprennent plus. La gauche caviar laisse les inégalités se développer, et prône toujours plus d'impôt pour justifier la défense publique de l'Etat qui encourage et développe ses privilèges.

Depuis l'avènement de François Mitterrand en 1981, nos élites de gauche se sont éloignées des milieux populaires, mais se réclament toujours du peuple. Avoir le cœur à gauche, et le portefeuille à droite, les héritiers de la génération Mitterrand sont devenus une tribu de tartuffes désinvoltes, des bourgeois bohèmes qui occupent le centre des beaux quartiers parisiens, comme de célèbres politiciens sociaux-libéraux médiatiques que nous supportons depuis plusieurs décennies, Dominique Strauss-Kahn, Bernard Kouchner, Laurent Fabius ou encore Jack Lang en sont les dignes représentants. Les compagnons de route sont de nombreux intellectuels dont les plus médiatiques, Bernard-Henri Lévy, Bruckner ou Finkielkraut, de célèbres journalistes des médias de Canal +, BFM TV, ou les chaînes publiques qui versent dans la gauchomania ou encore des artistes, des bobos de gauche comme Guy Bedos, bientôt en retraite, il était temps ! Pierre Arditi, ou encore Anne Roumanoff qui vont à la soupe dans leurs spectacles et dans les médias, cette dernière évoquant « la droite cassoulet ». Soutenir un candidat de droite pour ces artistes confortablement bien installés dans la vie serait un suicide. Après de nombreux déboires, seul Gérard Depardieu, en homme libre, a apporté son soutien public à Nicolas Sarkozy, lors du meeting du président candidat à Villepinte.

Les détracteurs dénoncent cette bourgeoisie qui dispose d'un patrimoine financier d'hypocrisie qui ne partage que peu leurs privilèges, et tentent de rendre le capitalisme supportable. Laurent Joffrin, de son vrai nom Mouchard, journaliste français, affirme dans son essai « Histoire de la gauche caviar » en 2006 qu'une grande partie de la gauche s'est convertie au libéralisme en oubliant le peuple, incapable de réduire le chômage, de vaincre l'exclusion, et d'assurer l'égalité des chances.

Peut-on être de gauche et riche ? La réalité est le rapport qu'entretient la gauche avec l'argent. Pourtant, tout le mouvement social français s'est construit contre les puissances de l'argent et contre la propriété privée. Les trente dernières années nous renseignent que dès que la gauche pénètre les arcanes du pouvoir et de la société, elle développe naturellement ses propres élites intellectuelles et financières. Pendant qu'une certaine gauche se vautre dans l'aisance de l'argent, elle défend son mode de vie au détriment des classes moyennes et populaires qu'elle a su abuser jusqu'au moment des élections. Déconnectée des réalités, l'arnaque de gauche consiste à se disputer de la souveraineté morale et éthique des idées « la pensée unique » comme idéologie érigée en dogme qui a débouché vers l'exception culturelle française. Avec la gauche, ce dogme progressiste et libéral s'affiche avec toute son arrogance. Depuis le simulacre de démocratie qui permet aux Français de choisir un candidat à la présidence de la République choisi par le peuple pour diriger un gouvernement et engager sa politique, la gauche n'est jamais à court d'idées pour vendre du rêve. François Hollande, pendant sa campagne présidentielle, la plus discrète de la Ve République, nous a présenté les 60 engagements du Parti socialiste pour la France, sur l'immigration, l'emploi, la croissance, le pouvoir d'achat ou les retraites. A peine un an et demi plus tard, le slogan « Le changement c'est maintenant » sonne le glas des espoirs déçus. Un mauvais candidat, par défaut, pouvait-il devenir un bon président ? Les Français ont perdu leur pari sur l'avenir, mais ils en avaient marre du locataire de l'Élysée précédent, n'en déplaise à monsieur Guaino, député UMP des Yvelines.

Malgré les beaux discours, les renoncements de la gauche sont multiples pendant que le débat fiscal continue à miner l'aile gauche des socialistes qui demande au gouvernement d'abandonner les hausses de TVA (taxe sur la valeur ajoutée) afin de préserver le pouvoir d'achat.

Sur les Roms, une certaine gauche poussée par les Verts (Europe écologie les Verts) veut lutter pour une intégration progressive avec le droit à l'éducation, à la santé, et l'accession à un toit, au nom de la différence, et des droits de l'homme, alors que les solutions d'intégration semblent compromises. Cécile Duflot, ministre du Logement du gouvernement Ayrault avait su répondre à Manuel Valls ministre de l'Intérieur : « Etre de gauche, cher Manuel, ça ne se proclame pas, ça se prouve. »

Quelle justice pour la gauche après le report de la réforme pénale qui devait permettre de revenir sur dix années de politique carcérale ? La réduction du budget de l'aide juridictionnelle risque de fragiliser les plus démunis de la société, les locataires, les salariés, les étrangers, les personnes hospitalisées sous contrainte. La valse des renoncements du président Hollande s'étend semaine après semaine, sondage après sondage, de la grande réforme fiscale aux lobbies bancaires, en passant par l'appartenance au libre-échange des marchés et de l'appartenance à la zone euro. La gauche avait tant décrié le renoncement de Sarkozy face à Merkel, chancelière allemande.

Dans toutes les élections partielles organisées depuis un an, la gauche disparaît au premier tour. Un chômage au plus haut, des déficits non maîtrisés, une Europe en panne, et un pays profondément divisé, le chemin du sursaut paraît bien étroit. Changer d'orientation politique obligerait Hollande et son gouvernement à trancher dans les dépenses publiques, et le nombre de fonctionnaires, son socle électoral, provoquerait une crise des gens de gauche qui se sentiraient abandonnés. Cette stratégie empêche le président de s'exprimer avec clarté. Seule une offre politique nouvelle pourra endiguer la progression de la vague bleu marine et du Front national.

Les fidèles du président ont contribué à imposer Harlem Désir à la tête du Parti socialiste, jugé trop discret. D'abord connu dans les années 1980, en tant que militant associatif de SOS Racisme, il intègre Génération Ecologie puis le Parti socialiste. Il devient député européen et premier secrétaire du Parti socialiste en octobre 2012. Malgré ses condamnations de « formateur permanent » du parti basé à Lille et d'une amnistie dont il aurait bénéficié de François Mitterrand concernant une dette de 80 000 francs d'amende de stationnement, il assure l'éminente fonction à la tête du parti. Pendant que Marine Le Pen multiplie les déplacements en province, au chevet d'entreprises industrielles délocalisées ou liquidées, ou de la crise de l'agroalimentaire bretonne, Harlem Désir préfère le confort ouaté de la rue de Solférino, siège national du Parti socialiste. La crise du leadership, malmené par la crise économique, ballotté par les revers des choix adoptés par François Hollande sous la pression d'un électorat qui se radicalise, le malaise est tel à gauche, que les Français, excédés, s'apprêtent à leur demander des comptes.

« Les rats quitteraient-ils le navire ?» L'exaspération des élus locaux exprime bien les risques de sérieux problèmes en perspective pour les municipales qui arrivent.

Les leçons de la crise libérale, pour ceux qui sont nés de la colère des gueules noires crasseuses et de l'indignation des rentiers, l'orientation du Parti socialiste semble cautionner le développement du secteur marchand et des entreprises, la fiscalité orientée vers le capital au détriment de la revalorisation du travail, de l'enseignement et la défense des services publics. Depuis les aveux de Jérôme Cahuzac, ministre du Budget, contraint de démissionner pour avoir détenu un compte en Suisse occulte, en dénonçant en France une fraude fiscale de 60-80 milliards, les symptômes d'une crise profonde se préparent dans « le parti godillot » qui n 'hésite plus à afficher ses divergences. L'absence d'autorité du chef de l'Etat, et le peu de crédibilité du Premier ministre d'une relance keynésienne ressurgissent à la moindre occasion. L'expulsion de la collégienne Leonarda a réveillé les réflexes humanistes de la gauche, contre une ligne du parti qui assume une politique de l'immigration qui passe par le retour aux frontières des familles illégalement installées sur notre sol.

Le Parti socialiste a renoncé au vote ouvrier au profit des jeunes diplômés des minorités ethniques des quartiers. Sans l'adhésion du peuple, où est la raison d'être de la gauche ? Les prolétaires de la classe populaire contemporaine, les travailleurs précaires et les chômeurs qui refusent la société concurrentielle sont plutôt partisans du protectionnisme économique contre les enjeux européens. L'ouverture, la solidarité et la tolérance sont des valeurs d'ouverture de la gauche bourgeoise qui choquent les classes populaires qui se sentent méprisées et trahies. La désindustrialisation, le chômage endémique, la précarité, les inégalités scolaires, les difficultés d'accès à la propriété d'un logement, la baisse du pouvoir d'achat renforcent le sentiment d'insécurité sociale, d'abandon du peuple et incitent les ouvriers et les employés à voter Front de gauche, Front national, ou à choisir l'abstention. Les élections municipales de mars 2014 le confirment, la gauche est sérieusement ébranlée, et la droite républicaine et le Front national caracole en tête.

La gouvernance publique

Les administrations publiques se fondent sur l'économie, l'emploi public, la gestion des ressources humaines et les marchés publics. La transparence en matière de gouvernance et les mesures clés des politiques publiques dans l'éducation, la santé et l'administration fiscale méritent dans cette période de crise économique et budgétaire une évaluation nécessaire afin de prendre les meilleures décisions en matière de dépenses prioritaires et d'appréhender les réductions des coûts. Les mesures d'austérité s'imposent dans la plupart des pays de l'OCDE (Organisation de coopération et de développement économiques). Les indicateurs de performances en France sont mauvais, et ont une incidence sur la chaîne de production de l'administration publique, recettes, dépenses, emploi et rémunération et sur la qualité du secteur public. Les actions menées par les administrations publiques contribuent à l'intérêt général pour relever les défis économiques et sociaux. Les politiques mises en œuvre concernent de nombreux aspects de notre vie quotidienne et doivent répondre efficacement aux problèmes futurs en reposant sur la flexibilité et l'efficacité des systèmes de gouvernance.

Depuis 2008, nombre de gouvernements dans le monde ont pris des mesures sans précédent et à grande échelle afin de répondre à la crise mondiale. Comment le gouvernement français pourra-t-il répondre aux défis fiscaux, sociaux et environnementaux qui se posent impérativement aujourd'hui ? Dans ce contexte de défaillances publiques, on devrait assister à plus de transparence et de responsabilisation de l'Etat pour redéployer de nombreuses missions dans le secteur privé. Les dépenses de l'administration publique sont financées par l'emprunt, et le coût de l'administration générale devrait déclencher chez nos élus des alertes de détresse. Les mesures n'ont pas été prises pour éviter une récession plus sévère et affronter une gestion de la dette publique à long terme. Une perspective de réformes et de révision générale des politiques publiques obligerait à la rationalisation de l'organisation de l'Etat. Envisager une nouvelle gouvernance, pour la gauche comme pour la droite, renvoie à de nouveaux modes de pilotage et de régulation plus souples fondés sur un partenariat public-privé. Le respect des droits des citoyens, de l'environnement et des ressources doit passer par le respect des cotisants et des bénéficiaires. Si la Commission européenne a fait inscrire sa propre notion de gouvernance dans un livre blanc qui désigne les règles, les processus et les comportements qui influent sur l'exercice du pouvoir, notre pays serait bien inspiré de modifier, par une évolution significative, les modes de fonctionnement de nos institutions. Le modèle de fonctionnement de la gouvernance publique manque de vision stratégique qui permettrait d'élaborer des plans d'action dans lesquels l'organisation pourrait évoluer. Les Forums économiques invitent notamment à réfléchir sur les attitudes et les pratiques susceptibles d'aider les conseils d'administration des entreprises à assumer pleinement leurs responsabilités, pourquoi ne pas imaginer un Grenelle de l'administration publique afin de réaliser une nouvelle organisation de façon transparente, efficiente et respectueuse des attentes des usagers ? L'organisation des pouvoirs publics pourrait s'articuler autour d'une charte de recommandations pour assurer la cohérence de l'ensemble. Identifier et clarifier les bonnes pratiques, optimiser les capacités des établissements publics et renforcer un leadership des dirigeants des institutions serviraient à développer des outils de recueil et d'analyse sur le fonctionnement des administrations publiques. Concevoir et mettre en œuvre des actions de formation, et développer une culture professionnelle déclineraient directement de nouveaux principes de gouvernance, dans une logique de bien commun. L'intelligence sociale démontre l'importance d'approfondir les recherches sur l'amélioration de nos services publics en faisant des propositions innovantes, pour construire un nouveau projet impliquant les différentes composantes du corps social, des contributeurs afin de partager des succès collectifs. Les défis qui s'annoncent forcent à porter une attention nouvelle aux institutions, pour répondre aux besoins des citoyens mettant en lumière les domaines nécessitant des changements impératifs. Ces réformes se révéleront indispensables de toute réponse politique crédible et efficace. A quand un management public ? L'implication des populations bénéficiaires est essentielle pour renforcer les administrations au niveau central, régional et local. Fournir des services fiables, transparents et adaptés répondant aux besoins des citoyens et des entreprises développerait une orientation favorable sur l'économie ainsi qu'un climat politique et social apaisé.

En France, le nombre de fonctionnaires ne cesse d'augmenter, il faut s'y résigner. Aucune explication ne nous est fournie pour sortir de l'impasse. A quand le revirement culturel, le changement de politique de la réforme de l'Etat et des institutions tant attendu ? L'exemple de la Suède, et ses réformes libérales et sociales, qui a confié la gestion des hôpitaux de Stockholm, la poste et une partie des chemins de fer au secteur privé. Le malaise s'accroît, alors que la génération du baby-boom part à la retraite malgré la détérioration des conditions de vie de la classe moyenne et populaire. L'insertion professionnelle et sociale difficile des jeunes sortis de l'enseignement, le chômage de longue durée, l'exclusion des seniors du marché du travail à partir de 45 ans, malgré les plans de sauvegarde de l'emploi, la nouvelle coopération entre le réseau des missions locales et Pôle emploi ne suffit plus. L'état actionnaire et le gouvernement des entreprises publiques restent impuissants pour aider les plus démunis et endiguer le flot des sans-abri. Le dialogue social devrait-il s'élargir à ceux qui ne demandent plus rien ?

Les rapports annuels sur l'état de la fonction publique s'articulent autour de trois axes prioritaires, rénover le dialogue social, assurer les parcours professionnels, les carrières et les rémunérations. Les dossiers sur l'emploi public en France, les flux de personnels, les parcours professionnels, la retraite, les dépenses et les rémunérations, la formation, le temps et les conditions de travail, les relations professionnelles et la politique sociale concernent plus de dix millions de Français, si l'on intègre les agents des collectivités locales et territoriales. Placés sous le contrôle direct de l'Etat, ils participent à l'exécution des programmes des grands établissements publics comme les universités, Météo-France, le CNRS (Centre national de la recherche scientifique) ou l'INSERM (Institut national de la santé et de la recherche médicale) et pléthore d'organismes publics...

Dans cette période de crise économique, le paradoxe français est que le nombre de fonctionnaires n'en finit pas de progresser. La remise en question du système étatique français suppose des coupes budgétaires drastiques, et une réflexion sur l'efficience du service public, avec une transformation générale des politiques publiques plus opérationnelles. Oser afficher une volonté délibérée d'éradiquer le service public en vue de confier des missions à des professionnels du privé, sauf pour les fonctions régaliennes de police et de justice, au moindre coût, répondant à une qualité de service attendu par le citoyen, est dans ce pays socialiste, depuis le premier gouvernement provisoire issu de la Résistance d'après la Libération influencé par les communistes, une hérésie. Pour sauver nos jeunes du chômage et de la précarité, il est indispensable d' abolir la sécurité de l'emploi de la fonction publique, héritage de l'histoire, et de cesser d'embaucher des fonctionnaires, car elle oblige l'Etat d'emprunter quotidiennement sur les marchés, et de creuser notre dette devenue abyssale. La dérive inquiétante de la dépense publique, avec une facture toujours en hausse, qui fait exploser les impôts des citoyens et des entreprises, c'est au prochain pouvoir politique de tirer la sonnette d'alarme et d'en décider. Les gouvernements successifs, et la classe politique n'ont rien voulu contrôler, de peur de susciter des polémiques, et de risquer leurs postes. Cet argument phare d'une nouvelle conception de la société prônant le retrait radical de l'Etat, d'une révolution libérale, avec la diminution du nombre de fonctionnaires, la baisse des dépenses publiques, et la maîtrise des déficits relève d'un programme idéologique entièrement différent. Il faut tuer l'Etat-providence de prestations sociales, mais préserver une solidarité nationale pour les chômeurs et les précaires, les malades et les plus pauvres. L'argument selon lequel la France est handicapée par ses dépenses publiques, considérablement plus élevées qu'en Allemagne, permet de justifier la nécessité de construire une nouvelle société de croissance, avec une économie libérée pour des chercheurs, des créateurs et des entrepreneurs indépendants.

L'économie sociale et solidaire, exception culturelle française, tournée vers les avantages associatifs, relève d'une volonté de penseurs utopistes qui ne cherchent que la nationalisation des moyens de production, pour produire d'une façon collective des biens et des services qui connaît ses limites, et nous engage inexorablement vers le déclin. L'éducation populaire, l'Internationale ouvrière, le socialisme ont inventé les coopératives, les mutuelles et les associations pour garantir une plus grande protection sociale, les congés payés, la réduction du temps de travail et l'établissement des conventions collectives. Dans le contexte de dégradation économique, de chômage de masse, et de la montée de l'exclusion, la tentative d'alternative économique en développant le commerce équitable est un renoncement à la compétition internationale, et un refus d'affronter la mondialisation de l'économie. Produire et consommer autrement est un faux-fuyant, prédomine sur la propriété et prend tout son sens pour une société française en voie de paupérisation. L'enchantement du monde associatif est un modèle économique collaboratif qui s'inspire de différents modes d'échange et de solidarité, mais conduit notre économie dans l'impasse, que nous devrions réserver uniquement aux « déclassés » de la République. La loi du 13 juillet 1983, fondatrice du statut général des fonctionnaires portant sur leurs droits et leurs obligations rappelle que le statut de la fonction publique est un héritage de valeurs communes qui forment le socle républicain. Aujourd'hui, la remise en question de l'avenir de ce modèle est au cœur de la cohésion sociale et de l'égalité des citoyens pour construire une société plus juste et plus équitable. Dans cette perspective, le choix d'une fonction publique statutaire demeure inutile et insupportable.

Les riches ont toujours tort !

Faire payer les riches à la hauteur de leurs revenus, la position du gouvernement socialiste ne fait preuve d'aucune mansuétude à l'égard des hauts revenus et des grandes fortunes. Le président Sarkozy s'était inspiré des politiques initiées en Grande-Bretagne et aux USA dans les années 1980 avec de fortes réductions de la fiscalité sur les hauts revenus et le patrimoine. Cette redistribution tentait de s'adosser sur de nouvelles représentations de la société et du rôle de l'Etat. En effet, la société se définit désormais moins individualiste, et le rôle de l'impôt contribue largement au financement des dépenses publiques, justifie que les plus riches s'acquittent de leur dette sociale. Les politiques publiques recommandent l'impôt sur la richesse pour taxer davantage les grandes fortunes afin de légitimer les plans d'austérité budgétaire successifs. Encore une fois, tous nos candidats aux élections font des inégalités leur thème principal de campagne. Pourtant les écarts de richesse ne sont pas nouveaux, mais au XXIe siècle, ils n'ont jamais été aussi grands. Si le taux de pauvreté de nos villes progresse avec un nombre croissant de ménages qui tentent de subsister, certains bénéficiaires avec des bons d'alimentation, le bonheur des riches est bâti sur la puissance économique, la domination du monde, le développement des gisements de pétrole et de matières premières, les transports, les nouvelles technologies et de la finance. La légende des deux cents familles françaises qui règnent avec arrogance sur l'économie française a toujours de beaux jours devant elle. Bernard Arnault, PDG du groupe LVMH, leader mondial du savoir-faire de qualité, affiche une fortune de 24,3 milliards d'euros, précède la riche héritière de L'Oréal, leader mondial de la beauté, maquillage et cosmétique, Liliane Bettencourt et Gérard Mulliez du groupe de distribution Auchan et ses filiales, sans oublier Bertrand Puech de la société Hermès, le groupe industriel Marcel Dassault, François Pinault, Vincent Bolloré dans le top des10 grandes fortunes depuis de nombreuses années. Malgré la conjoncture qui frappe de plein fouet les couches populaires et les classes moyennes, l'année a été encore profitable pour les riches.

Les Français ont fait fortune dans le domaine du luxe, comme les Italiens, alors que les Allemands sont plus actifs dans les biens industriels et les services de consommation.

Cependant, nos élites économiques ne connaissent pas la crise et s'enrichissent résolument alors que la France n'a jamais compté autant de démunis depuis 1945. En effet, occuper un emploi ne constitue plus un rempart contre la pauvreté des jeunes, les familles monoparentales, les immigrés, les ouvriers et des précaires indépendants. Le dernier rapport gouvernemental note avec sobriété que seuls les plus aisés ont échappé à la baisse du niveau de vie. L'oligarchie financière concentre la richesse et relance la nécessité d'une répartition plus juste et plus équitable. Seules les situations de rente sont handicapantes pour notre société, car les rentiers bénéficient d'avantages fiscaux exorbitants. En revanche, quand les vieilles fortunes d'entrepreneurs font profiter de leurs investissements, afin de maintenir des entreprises familiales dans le tissu national économique, ou créent des fondations pour aider leurs semblables, leurs contributions deviennent productives pour la collectivité. Sachant que la moitié des Français gagnent moins de 1700 euros net par mois, à quelques euros près le salaire médian français, il ne faudrait pas confondre gagner de l'argent pour vivre et être riche. Il est vrai que François Hollande, encore candidat à l'élection présidentielle, considérait le contribuable déclarant quatre mille euros par mois comme un riche.

Le riche est celui qui détient un patrimoine qu'il investit dans le pays le plus rentable. Cependant, il n'y a pas de croissance sans investissement pour augmenter l'emploi et contribuer à la richesse pour tous. Les riches n'en ont pas fini avec leurs excès aux Etats-Unis, en Grande-Bretagne, dans le microcosme des 500 plus grandes fortunes de France et dans de nombreux pays émergents. Ils tirent d'énormes profits de la crise, pendant que la baisse du pouvoir d'achat impose aux citoyens français de se serrer la ceinture.

Si les nantis se sentent victimisés en France, il y a de plus en plus de riches aux quatre coins du monde, comme en Chine où, depuis trente ans, un million de millionnaires sont apparus. La croissance profite aux riches, a permis à certains de gagner des fortunes colossales sans nécessairement créer d'emplois. Depuis trois décennies, les profits de la finance ont pris le relais de l'industrie car, dans cet espace mondialisé, les capitaux trouvent toujours le meilleur chemin pour leurs rendements maximums.

Populisme, le dénigrement des élites

Historiquement, le populisme est un mouvement politique russe de la fin du siècle dernier qui luttait contre le tsarisme en s'appuyant sur le peuple, et désigne aujourd'hui un type de discours et de courants politiques apparus dans nos démocraties modernes ayant comme ambition de s'opposer aux élites et aux gouvernants. Il suppose la volonté des citoyens de s'exprimer et de rendre le pouvoir au peuple. Depuis les années 1990, le terme populisme est souvent utilisé dans un sens péjoratif par les classes dirigeantes, en critiquant la montée des nationalismes, devient synonyme de démagogie ou d'opportunisme politique. La démocratie représentative ne tient plus ses promesses, entraîne une méfiance grandissante des classes populaires souvent identifiées à l'extrême droite. Par la dénonciation des élites, avec des discours sensationnalistes, voire musclés renforçant le culte du chef de l'hyperprésidence du dernier quinquennat, Sarkozy en est un bon exemple.

Le populisme actuel défend la culture occidentale et dénigre les Maghrébins comme une culture prosélyte et incompatible avec la démocratie. Mobiliser le peuple, insidieusement par des promesses électoralistes en exacerbant les frustrations, justifie des réflexes sécuritaires de xénophobie. Clientélisme, démagogie, électoralisme, opportunisme, tous nos politiques et nos observateurs y vont de leurs commentaires pour désigner le Front national, premier parti ouvrier de France.

L'injustice économique de ces dernières décennies a enrichi les riches et négligé les plus pauvres dans des proportions qu'on n'avait plus connues depuis les années 1930, période trouble de notre histoire, où la France connaît une crise politique avec une forte instabilité gouvernementale.

La classe des dirigeants acclame la réussite inévitable des marchés et ne peut résister au profit. Dans ce contexte de mondialisation, la communauté des affaires a fini par acquérir sa légitimité tant convoitée de ses intérêts au détriment du peuple. Détruire « l'Ancien Monde » pour construire un empire à l'usage des dominants politiques, culturels et économiques ne sauvera pas les peuples. Jean-Marie Le Pen ne manipule pas l'opinion, mais ose affirmer haut et fort des postures, avec de fortes convictions, pour répondre à l'opinion publique, en privilégiant le sentiment nationaliste. Stimuler les peurs et les frustrations constitue un moyen de séduction, d'influence sur les électeurs. Pour les médias officiels du politiquement correct, cela peut se traduire par la volonté de faire un bilan inquiétant de la situation économique critique française en train de devenir le maillon faible de la zone euro, avec son déficit public, et les dépenses inconsidérées de l'Etat.

Les dernières élections présidentielles, malgré la diabolisation continue, nous renseignent sur une forte inclinaison du vote en faveur du Front national, signe du rejet du sérail politique. L'opportunisme de certains hommes politiques ne peut plus tirer parti des circonstances au détriment des réalités, ou des réformes fictives tant de fois évoquées. Le peuple, l'ensemble des citoyens constituant une nation, est dans la défiance profonde des partis politiques. La citoyenneté est menacée par des conditions de vie guidée par la fortune, par tous ceux qui détiennent la culture et l'éducation. Sans se revendiquer aucunement de Marx, les classes populaires réclament de l'égalité de traitement pour tous, alors que le prolétariat est toujours exclu de la propriété et des moyens de production. Les inégalités économiques, juridiques, ethniques et religieuses divisent largement la société française. Les ouvriers et employés exclus de l'emploi stable et valorisé s'opposent toujours aux chefs d'entreprise, rhétorique de la lutte des classes, risquent à tout moment le chômage et l'exclusion.

Le dénigrement des élites face au peuple est devenu un lieu commun des commentaires de l'ensemble des politologues et explique la crise profonde de notre démocratie libérale en perdition. Aujourd'hui une oligarchie recrutée principalement dans les grandes écoles de la République, formatée par une pensée unique et conventionnelle ne saurait accepter que le peuple retrouve sa souveraineté. Le pari du peuple de ne pas être écarté des décisions suppose qu'il doit se cultiver pour espérer prendre un jour le pouvoir et gouverner.

Le populisme, toujours employé de façon péjorative et insultante, synonyme de démagogie ou de fascisme dénonce la corruption des élites de l'appareil d'Etat et du secteur économique qui sert leurs intérêts. Les adversaires de la démocratie libérale portent un regard de plus en plus critique sur les élites qui décident pour eux, et qui ont échoué.

Voter pour ou contre Maastricht n'a pas assurément fait consensus. Malgré le spectacle politique qui divise la vie politique française, la gauche et la droite, ils se retrouvent sur l'essentiel. Il est vrai que la conception de l'intérêt général se fonde sur une solidarité de classe. Pourtant des élites économiques et politiques incompétentes et corrompues, l'indécence de certains comportements qui favorisent la corruption, remettent en cause le fonctionnement même de nos principes républicains. Au nom de la responsabilité on incite le citoyen à relativiser en évitant les réactions de colère. Pour le PS (Parti socialiste) et l'UMP (Union pour un mouvement populaire), la respectabilité du citoyen ne s'acquiert qu'au prix de l'abandon d'être dignement représenté par des élus vertueux et dévoués de la représentativité nationale.

N'en déplaise aux éditorialistes, la trahison de la démocratie prépare la révolte prochaine du peuple, tant les idéologies politiques perdent tout contact avec les préoccupations principales du citoyen ordinaire. Dans ces conditions, après le chaos qui se prépare, les dangers d'un Etat totalitaire, d'un régime de parti unique n'admettant aucune opposition et contrôlant l'activité des hommes, semblent inévitables.

L'embrigadement des citoyens, contrôlé par l'appareil étatique dirigé par un chef charismatique, s'immisce peu à peu dans les sphères intimes de la pensée générale. Le monopole d'un système policier s'organise avec un réseau d'agents de surveillance basé sur la suspicion et la dénonciation, car tout individu devient potentiellement suspect. Le recours à l'emprisonnement et à la torture, et l'élimination physique des opposants considérés inutiles ou nuisibles annoncent un nouvel ordre brutal et totalitaire.

La crise du libéralisme et du parlementarisme exige la nécessité d'une politique plus autoritaire. L'humanité contemporaine tend un peu partout dans le monde, et en France en particulier, à une forme d'organisation sociale plus autoritaire. La banqueroute de nos systèmes démocratiques se cristallise autour d'une réflexion de nouvelles formes de tyrannie. Pourtant dans notre histoire récente il s'agissait de détruire le nazisme et le bolchevisme. Le marché du capitalisme mondial nous conduit inévitablement à une centralisation de l'économie prépare une révolution totalitaire. S'opposer au libre fonctionnement des mécanismes du marché incite l'arbitraire étatique à se renforcer, comme le système stalinien avec un Etat omnipotent où tous les rapports sociaux étaient contrôlés jusqu'à éliminer la vie privée. Mais le pouvoir soviétique, pour contrôler la société en usant de la terreur, avait sous-estimé les capacités de résistance des individus.

Le mépris du peuple s'établit selon une logique d'inspiration libérale qui ne combat en aucun cas la pauvreté des classes ouvrières et les banlieues de misère. Rompre avec la domination des élites, l'oligarchie politico-intellectuelle fondée sur des démagogies électoralistes provoque une contestation révolutionnaire revendiquée par ceux qui souffrent. Faire « le bonheur du peuple », en situation de crise, passe par la rupture radicale pour reconstruire un monde acceptable pour les plus déshérités. L'aggravation des discriminations entre « l'élite » et le peuple conduit insidieusement à penser qu'une certaine partie des êtres humains, les classes populaires, est sans intérêt.

L'émancipation d'une partie de la population contre les classes dirigeantes au pouvoir risque de s'approprier des enjeux identitaires contre la démocratie libérale aux prises avec ses contradictions, se réclamant du peuple, mais ne pouvant tolérer les classes sociales populaires qui se mêlent de politique. Aujourd'hui, si le peuple retrouve sa souveraineté, cela se fera par de fortes mobilisations d'une révolution citoyenne selon les principes d'une nouvelle refondation sociale, offrant à chacun une place dans la société, et la possibilité de s'épanouir avec plus d'éducation, de solidarité, de culture et de liberté.

Si le système méritocratique, sélectionné pour son excellence, confère pouvoir, richesse et considération, le constat de la fracture sociale éloigne définitivement les catégories populaires. Le divorce entre la société et ses représentants touche l'ensemble des classes politiques, économiques et médiatiques. Rappelons-nous le « non » au référendum européen, la classe politique dirigeante et ses complices y ont laissé des plumes. Les Français manifestent le désir de ne plus « laisser les clefs » de l'Europe à des dirigeants en qui ils ne croient plus. L'impuissance des gouvernants invoque les diktats des marchés, avec la fin de la foi dans le progrès et en un futur radieux. L'idéal républicain est devenu mensonger, ayant pour conséquence le blocage de l'ascenseur social. La société des castes s'observe entre générations, ethnies et religions qui défendent leurs propres intérêts, dans une France divisée de citoyens suspicieux à l'égard des institutions, de l'autorité de ses représentants et de l'entreprise. Le rapport de force est la règle, et chacun essaye de tirer le maximum dans une collectivité dont ils ne se sentent plus solidaires.

CHAPITRE II

Les symptômes du désespoir

Le Front national, une réponse pour les oubliés de la République

Diaboliser le Front national depuis deux décennies démontre que notre pays n'est plus capable d'améliorer la croissance, l'emploi et de maîtriser sa dette. Le sacrifice d'une grande partie des Français, les classes populaires et moyennes soumises à une fiscalité insupportable de la zone euro, nous entraîne dans la même logique que la Grèce et l'Espagne sous la pression de la finance. Le temps de la vérité est arrivé, alors que le gouvernement se déchaîne contre le pouvoir d'achat des plus modestes et des précaires. Les Français n'en peuvent plus de payer, et de subir le chômage de masse, les délocalisations et la désindustrialisation croissante du pays. Nos politiques semblent renoncer au bien du peuple et s'étonnent que le rassemblement bleu marine devienne un espoir pour tous les sans-grade, et les oubliés de la République. L'Union européenne libérale économiquement, et autoritaire sur ses principes parlementaires a balayé les derniers espoirs pour les chômeurs, les agriculteurs, les pêcheurs, les ouvriers, les commerçants, les patrons de TPE (très petites entreprises) ou de PME (petites et moyennes entreprises).

L'Union européenne et la perte de la souveraineté du pays, l'immigration et la régularisation massive des clandestins, l'austérité et son cortège de plans sociaux, la pression fiscale sur les entreprises, le chômage, la ruralité abandonnée sonnent comme des détonateurs dont nos gouvernants ont occulté les répercussions. Dans cette période de repentance généralisée qui prépare les élections, la faillite des gouvernements de l'UMP et du PS qui se sont succédé depuis trente ans montre qu'ils ont été incapables de résoudre les problèmes économiques et sociaux de notre pays.

Qui parle aujourd'hui de nation et de souveraineté ? Le Front national séduit, car il ose parler de l'immigration comme d'un problème économique, social et culturel. Quand nos politiques cesseront de culpabiliser ceux qui, de bonne foi, sans la moindre trace d'antisémitisme ou de racisme, tentent de réfléchir à cette question ? Trente ans de procès en sorcellerie, ça suffit ! La règle du jeu médiatique consistait et consiste toujours à accuser systématiquement le Front national de poursuites en diffamation, meeting après meeting. Les révélations scandaleuses dans la presse par des articles atteignant la vie publique et privée des candidats frontistes condamnent les journalistes, auteurs de ses insultes. Des sympathisants de toutes obédiences viennent écouter Marine Le Pen, depuis que le parti réalise des scores importants sur tous les territoires. Les meetings se déroulent généralement encerclés par des poignées de militants d'extrême gauche et de syndicalistes, tenues à distance par les forces de l'ordre. La République irréprochable de l'ancien président Nicolas Sarkozy a fait place à la République des intouchables, journalistes, syndicalistes et conseillers en tête. Le redressement économique et social et l'avenir de la nation doivent être au cœur de la refondation républicaine, afin de redonner du pouvoir au peuple. La proportionnelle à toutes les élections permettrait une plus juste répartition de la représentativité nationale. Des référendums d'initiative populaire et le respect de la laïcité donneraient envie aux citoyens de reprendre la parole. Les inégalités des territoires et les maires multicumulards qui fondent les baronnies locales dans les communautés de communes et les départements ne sont plus tolérables. Le contrôle financier de nos parlementaires, des présidents des collectivités locales et de tous les élus d'une manière générale doivent faire l'objet de publications officielles vérifiées et validées par les listes d'opposition, et de sanctions en cas de dérapage. La bonne gestion de l'argent public doit être une priorité, tant les conflits d'intérêts font l'objet de scandales dénoncés par la Cour des comptes, chaque année sans aucune incidence.

Oser parler des subventions distribuées aux associations partisanes, des aides sociales ou des attributions de logements sociaux demeure des curiosités indécentes. L'immigration n'enrichit plus la France, et le droit du sol ou le regroupement familial doivent être clairement remis en cause. Le nombre de chômeurs étrangers, de ressortissants de la seconde génération, n'est plus une chance pour notre pays qui subit 600 zones de non-droit à la périphérie de nos villes. Les valeurs républicaines ne sont pas partagées par la plupart de ces ayants droit sociaux qui frappent à la porte de notre pays pour nos prestations sociales. Que faire de l'aide médicale d'Etat qui garantit l'accès aux soins pour les étrangers en situation irrégulière et qui porte atteinte à de nombreux Français qui ne peuvent plus soigner leurs dents ou changer de lunettes ?

Pour sauver notre économie, il nous faudra passer pour une période transitoire et nécessaire, avant que notre pays se remette à créer des brevets et de nouveaux produits compétitifs, par un certain protectionnisme en rétablissant des droits de douane ou des quotas. Sans croissance, la gestion de la dette soumet notre pays aux diktats des banques et du marché et nous ampute de tout redressement possible pour plusieurs décennies.

Marine Le Pen suscite l'espoir d'arrêter les subventions communautaristes, de cesser le matraquage des impôts, défendre la laïcité qui ne cesse de reculer. Elle réclame un plan patriotique de lutte contre la crise, et un soutien sans faille des PME-PMI de nos territoires en proposant d'abaisser massivement les fonctionnaires territoriaux, afin de faire des économies sur le budget de l'Etat. Sa stratégie de campagne pour accéder au pouvoir a débuté par des succès électoraux dans les petites villes et les campagnes, les oubliés de la République, abandonnés par le pouvoir. La France des oubliés est exclue des débats d'idées des hommes politiques. L'espoir des prochaines échéances électorales fondé sur la dénonciation des élites incompétentes risque de précipiter l'UMP et le PS dans le piège d'orienter la vie politique autour des thèmes soulevés par le Front national. C'est comme cela que le Front national peut se vanter d'avoir obtenu des victoires idéologiques, approuvait l'écrivain subversif et dissident Alain Soral, dénonçant le dogmatisme de gauche, la perte de confiance des Français dans la classe politique, l'absurde austérité sans fin infligée au peuple pour sauver le système européen à tout prix soumis à la Banque centrale de Francfort ou à la commission européenne. L'oubli de la nation, et l'abandon de l'identité française, les militants frontistes y sont hostiles et rejettent l'échec cuisant de la gauche et la droite. Ils veulent transformer leur dynamique de l'espoir pour redonner du travail aux Français, remettre de l'ordre dans la justice et faire de la France un pays attractif qui produit de nouveau.

Quand Florian Philippot, vice-président du Front national décide de se rendre à Colombey-les-Deux-Eglises sur la tombe du général de Gaulle il exprime un signe de rassemblement du front des patriotes. Les sympathisants, sans bourrage de crâne, ni manipulations poursuivent leur marche contre l'islamisation de notre pays, le maquillage de l'histoire effectué par l'éducation nationale orientant les nouvelles générations, de reconnaître qu'en 1939, la France, à la remorque de la Grande-Bretagne a glissé dans la guerre, sans que la Chambre des députés ou le Sénat ne se soient prononcés par un vote. La France n'était assurément pas prête à se battre, encore moins à résister. La signature des accords de Munich devenait alors une faute impardonnable générant l'inaction et l'apathie et ne pouvait conduire qu'à la catastrophe.

Diaboliser le Front national s'appuyant sur de nombreux documents historiques du national - socialisme, ou des ligues catholiques par une vision manichéenne du bien et du mal accentue la répulsion, l'aversion, la condamnation, voire la haine qui préparent les émeutes qui partiront de nos villages, et de nos cités. Le mépris caricatural des électeurs du Front national cherche à nier la réalité des banlieues devenues, pour certaines, des zones de non-droit, et la division des Français face à la mondialisation de l'économie. Les conséquences du libéralisme destructeur, où certains Français se « goinfrent » de profit maximal, désignent à la vindicte populaire tous ces nantis, pour en finir avec les partis politiques et ses lobbies de caste dont les électeurs ont vraiment ras-le-bol.

Depuis des siècles, le peuple est dominé par des dynasties de rois encouragées par l'oligarchie et des obscurantismes religieux. Les bienfaits de la démocratie, obscurcie par la lutte des classes qui voit ressurgir la misère dans notre pays, pourraient dissoudre les assemblées et faire en sorte que le peuple reprenne en main son destin. Les banquiers et politiciens seront responsables de ce désordre irréparable qui se prépare. Si le Front national monte, et ce n'est pas insultant pour ses électeurs sans complexe aucun, mais c'est le prix à payer du mépris et de la lâcheté de la classe politique. Les lendemains qui chantent sont pour le rassemblement bleu marine face aux défis de la mondialisation, pour sortir de l'Europe, abolir l'euro, et rendre la dette illégitime.

Pour tous ceux qui s'inquiètent de la progression du Front national, pendant des années le Parti socialiste a utilisé le FN (Front national) pour perturber le RPR (Rassemblement pour la République) de Jacques Chirac, puis l'UMP (l'Union du mouvement populaire) jusqu'au sommet du cynisme ayant été atteint lors de l'introduction de la proportionnelle aux législatives de 1986 par François Mitterrand, dont le génie politique consista à porter sur fonts baptismaux SOS Racisme, association créée en 1984 qui a pour mission de dénoncer les actes de discrimination raciale, qui formait pour lui un réservoir de militants, animés par les meilleurs sentiments. Depuis trente ans, l'antiracisme et la mise sur la sellette du vote des étrangers aux élections municipales demeurent la grosse ficelle des socialistes pour paralyser les adversaires de la droite classique.

Les thèmes de l'immigration et de l'insécurité que Nicolas Sarkozy a voulu s'accaparer pour siphonner les voix du FN (Front national) lors de la campagne électorale de 2012 furent à l'origine de son échec.

L'alternance politique de ces trente dernières années en France se faisait autour de problématiques éloignées de la préoccupation des Français. La baisse du pouvoir d'achat, l'attente des bienfaits de la croissance, le peuple français se transformant comme Godot, pièce de théâtre en deux actes écrite par Samuel Beckett, n'en finissant pas d'attendre. Lassé de s'entendre répéter par la gauche que c'est moralement acceptable, et d'attendre indéfiniment les promesses de la droite, le peuple s'est demandé si ces dames et messieurs respectables du sérail politique ne se moquaient pas d'eux. Les discours vides de sens ont fait monter leur colère de voir les retraites baisser et sans doute menacées dans un avenir proche, les impôts croître sans justifications, les emplois délocalisés et subir sur le territoire un chômage de masse, ils se sont détachés des partis classiques, faute de résultats tangibles, et de réformes de grande ampleur. Les bien- pensants auront beau s'en désoler, les électeurs du Front national ne supportent plus les lâchetés dans l'exercice du pouvoir. Intellectuellement et moralement, les partis classiques ont perdu toute leur légitimité pour avoir oublié les priorités des électeurs de leurs programmes politiques. C'est pourquoi le Front national peut espérer atteindre, à l'avenir, des sommets.

Les hommes de pouvoir

La franc-maçonnerie masque ses réalités et ses secrets. L'organisation visible cache une confrérie d'élus libres et égaux qui se consacrent à des projets éthiques, d'éducation fraternelle, patriotique et humanitaire. Mais l'organisation invisible est une confrérie secrète, digne et majestueuse, dont les membres se consacrent à de mystérieux dessins cachés.

L'enseignement de la paix, la fraternité et l'humanisme se présente comme une organisation philanthropique avec un grand nombre d'activités charitables. Le réel danger pour ceux qui ont trahi leur serment des secrets de la franc-maçonnerie peut exiger la mort par les frères. Je n'éprouve aucune hostilité envers les francs-maçons, mais je suis opposé à leur volonté de pouvoir de ces hommes qui prétendent vouloir dominer la planète. De tels hommes qui se cachent derrière leurs loges pour poursuivre l'idéal maçonnique de l'évolution de l'espèce et du respect des droits de l'homme influencent les arcanes du pouvoir et le monde des affaires de nos sociétés modernes. Prétendre libérer l'homme de son ignorance et de son obscurantisme s'est transformé au fil du temps en un réseau secret regroupant des politiques, chefs d'entreprise, des financiers, des universitaires, de hauts fonctionnaires de la justice et de la police, ou encore des artisans. La plupart de nos parlementaires, nos banques et entreprises publiques sont infiltrés par des agents du secret qui se cooptent entre eux. Au nom de l'idéal du progrès social, les initiés, ces frères invisibles veulent orienter les décisions des gouvernements mondiaux. La pensée maçonnique est sans doute détournée par des profiteurs qui l'utilisent à des fins communautaristes pour grimper plus vite les échelons de la société. La promesse est un acte fort d'une valeur sacrée qui garantit le silence protégé par les rituels. Ses origines descendent des corporations des bâtisseurs, la pyramide étant un symbole des premières grandes structures bâties par les hommes. Le crâne est le symbole de la mortalité et de l'humilité de l'homme face à l'immortel et le divin. C'est pourquoi la franc-maçonnerie regroupe des catholiques, des juifs, des bouddhistes et des musulmans qui partagent les valeurs humanistes et progressistes.

Infiltrer les structures de l'Etat et l'ensemble des pouvoirs, les services secrets, la franc-maçonnerie peut devenir un danger pour la démocratie. Installée au cœur des institutions, nos élus censés défendre l'intérêt général sont d'abord engagés par un obscur serment. Les citoyens profanes devraient réclamer que le secret soit levé sur les ministres, les députés, les maires, conseillers généraux, hauts fonctionnaires, militaires, policiers, journalistes, juges de la République. Il est vrai que tous ces frères développent les mêmes obédiences atlantiste, sioniste, anticommuniste, et surtout pro-européenne. On constate que les frères sont particulièrement surreprésentés dans le gouvernement Ayrault, se retrouvant à la manœuvre pour imposer l'idée européenne contre la volonté de la population.

Pourquoi certaines procédures judiciaires instruites par des magistrats qui mettent en cause des juges, des notaires, des huissiers ou des médecins autour de vastes escroqueries financières sont brutalement annulées à cause de connexions maçonniques ? Dans d'autres affaires de détournement d'argent, si l'on prend celle du Crédit lyonnais, l'affaire Elf ou celle des HLM de Paris qui profitent aux partis politiques, elles n'aboutissent pas ?

En effet, la justice maçonnique impose à ses membres d'en référer d'abord à leur hiérarchie. Le procureur Eric de Montgolfier a eu la lourde tâche de réprimer les pratiques mafieuses de certains politiques de la Côte d'Azur.

Contrairement aux grandes utopies révolutionnaires portées par le siècle des Lumières, sachez que la Révolution française a été financée par des banques anglaises pour instaurer la propriété privée et le libéralisme économique. De ce fait c'est la bourgeoisie qui a gagné la lutte contre le peuple, grâce à la terreur qui s'en suivit. On peut se demander pourquoi la franc-maçonnerie est éclatée en loges élitistes et affairistes.

Les francs-maçons se targuent d'être illuminés par la connaissance, d'être des citoyens sérieux et rationnels, contrairement à Albert Pike, avocat et écrivain général confédéré américain, qui dirigea pendant trente-deux ans l'une des principales composantes de la franc-maçonnerie des Etats-Unis, s'est fait le prophète d'un gouvernement mondial, cette idée qu'on trouve largement répandue chez nos élites intellectuelles et politiques suppose un régime totalitaire d'oppression des peuples. Pour ainsi dire, il a lancé les bases du satanisme, qui écrit dans sa grande œuvre « Morals and dogma » que « Lucifer [était] le porteur de lumière ! C'est un nom étrange et mystérieux donné à l'esprit des ténèbres ! Est-ce lui qui amène la lumière, avec ses splendeurs aveuglantes, aux âmes faibles, sensuelles et égoïstes ? N'en doutez pas ! Car les traditions sont pleines de révélations et d'inspiration divine : et l'inspiration n'est ni une époque ni une croyance. »

Alain Bauer, franc-maçon médiatique entré très tôt au Grand Orient de France, devient un spécialiste de la sécurité intérieure et urbaine qui conseille de nombreuses entreprises et les gouvernements successifs, et avait rencontré Manuel Valls à la MNEF (Mutuelle nationale des étudiants de France), la mutuelle à laquelle tous les étudiants cotisent et dont l'argent avait été détourné par le Parti socialiste. Tous deux avaient été cités dans l'affaire de détournement d'argent en faveur du PS mais n'avaient jamais été inquiétés.

Seule une dictature pourrait imposer la gouvernance mondiale. Un gouvernement unique avec un système économique monoculturel serait la perte de l'humanité. Nos dirigeants et nos experts soutenus par les groupes financiers tentent d'accréditer cette thèse dans les clubs de réflexion dont le célèbre groupe Bilderberg, fondé par David Rockfeller, l'un des plus puissants financiers du monde. Il est clair que les grands groupes économiques internationaux prônent ce nouvel ordre mondial pour une expansion économique sans bornes ni frontières, tendant à réduire les communautés humaines à une nouvelle forme d'esclavage. Mais qui sont les acteurs de ce projet maléfique ? L'alignement idéologique et politique des gouvernements et organismes mondiaux vise la prise de contrôle de l'économie mondiale par nos élites de la finance. L'évolution générale du monde politique se caractérise par la création de grands pôles politico-économiques comme l'Union européenne, les Etats-Unis nord- américains, les nations sud-américaines, la communauté eurasiatique. L'ensemble doit constituer l'architecture générale d'une gouvernance mondiale avec une monnaie planétaire.

Depuis que la mondialisation économique sévit sous nos yeux, le pouvoir pour agir au nom du peuple perd de son sens sous le contrôle des flux économiques et financiers. La vitalité démocratique des peuples va disparaître inexorablement, et le niveau des abstentions dans de nombreux pays d'élections politiques est à cet égard un indice de cote d'alerte évidente. La tyrannie qui s'annonce va prendre des formes violentes, orchestrée par une gouvernance mondiale et un dirigisme bureaucratique pour faire face à l'impuissance visible des politiques. Un des signes révélateurs de ce développement qui se prépare est l'individualisme impénitent qui voit germer de l'incivisme au détriment du lien social. Que faire ? La réhabilitation de la citoyenneté dans nos quartiers, nos communes, nos régions, nos pays et nos continents s'appuie sur le principe de consultation des peuples.

Le groupe de Bilderberg semble mettre en danger l'humanité par son orientation de gouvernance internationale qui va faire vaciller toutes nos démocraties en choisissant le marché plutôt que la liberté. Toutes les multinationales réclament des mesures répressives pour assurer leur développement contre les troubles sociaux. Ce projet renforce de nombreux domaines sécuritaires et répressifs et annonce la fin de l'état de droit en préparant la prochaine dictature.

Que reste-t-il du rêve européen ?

Le 9 mai 1950, Robert Schuman (1886-1963), plusieurs fois ministre, puis président du Conseil des ministres à deux reprises, exerça par ailleurs les fonctions de président du Parlement européen, jetait les premières fondations de l'Europe organisée dans une déclaration fondatrice, après la création de la Communauté européenne du charbon et de l'acier. L'origine de la Communauté européenne était une réaction à la Seconde Guerre mondiale d'exprimer la volonté de ne plus jamais connaître de conflits armés sur ce continent. L'objectif de Schuman était de mettre en place une véritable union fédérale, mais le projet est en train de déraper sur la question de la souveraineté des nations. En effet, tous les Etats européens restent attachés à leur souveraineté et prennent conscience de la nécessité de s'unir pour aller plus loin, mais refusent ce creuset libéral généralisé en dénonçant les compromissions des politiques de gauche comme de droite au service de l'asservissement des peuples enchaînés au capital. L'opposition à cette Europe libérale s'illustre durant d'innombrables manifestations de milliers de personnes refusant la structuration d'une hiérarchie européenne souveraine. L'engouement pour l'Europe est essentiellement porté par les politiques et les milieux économiques. Ce sont les oligarques qui ont servi d'entremetteurs pour négocier la composition d'un nouveau gouvernement pro-européen, alors que les opinions publiques suivent avec effroi la situation de la Grèce. Le taux d'adhésion des citoyens européens ne cesse de s'effriter, mais les élites politiques demeurent très largement europhiles.

La logique européenne dépossède les peuples de discuter du choix de société dans lequel ils veulent vivre mais leur impose un modèle économique et social. Les bons élèves appliquent correctement les directives définies à Bruxelles, mais les débats politiques se résument à mettre en œuvre les fameux critères de l'union qu'il devient impossible de contester. Le processus à marche forcée d'élargissement d'adhésion de nouveaux pays tant de fois évoqué dans une Europe en crise contribue à un profond désenchantement. Il conviendrait désormais de redéfinir le sens même du projet européen et de renégocier les traités de discipline budgétaire. Le rêve pour sortir l'Europe de la crise par la mise en œuvre de « project bonds » soutenus par le président Hollande et destinés au financement de nouveaux projets d'infrastructures, d'innovations technologiques et de conversion écologique, avec de réelles initiatives en faveur de la croissance et de l'emploi s'est effondré avec la récession, et le refus de l'Allemagne. La question n'est plus de savoir ce que deviendra l'Union européenne, mais la crise de la dette de l'euro ne sert plus à camoufler les racines de la colère des citoyens qui exprime également la réticence des gouvernements à se soumettre. La Banque centrale européenne ne peut plus surmonter la crise économique et de nombreux pays commencent à s'en prendre à l'Allemagne inflexible. Les désaccords entre la Commission européenne et le FMI sur la manière d'en finir avec la crise de la dette en Europe ne cessent de s'amplifier. Les timides signes de reprise ne seront pas suffisants pour faire baisser les taux d'intérêt qui menacent de nombreux pays de l'Europe du Sud. Le gouvernement d'Angela Merkel, chancelière allemande, somme les pays du Sud de se réformer en profondeur en refusant encore un nouveau plan de sauvetage d'aide à la Grèce. Le déclin et la récession économique creusent le fossé entre les générations, faisant fi des multiples promesses du respect des Etats les plus vulnérables, du concept de collectivités humaines, en tentant de démontrer l'archaïsme du patriotisme, de la méritocratie et de la croissance à tout prix.

Le XXIe siècle se caractérise par une faiblesse de l'influence européenne en faveur des influences de la puissance américaine dans le monde. En effet, on peut considérer la perte d'influence de l'Europe et son déclin par les hécatombes de la Grande Guerre, et la révolution communiste en Russie. Mais l'oligarchie politique française n'a cessé de masquer cette dure réalité, malgré le taux de chômage structurel élevé, et l'appauvrissement des classes moyennes qui ne peuvent accéder à l'ascenseur social bloqué. Pendant ce temps-là les usines chinoises, d'Asie du Sud-Est, d'Inde et d'Amérique du Sud tournent à plein régime, et font que ces pays présentent un taux de croissance exponentiel. La faible innovation de notre continent européen provoque inexorablement une baisse de la productivité du travail.

En fait les valeurs que les gouvernements européens présentent comme « universelles » se traduisent par un laxisme pénal et une bienveillance vis-à-vis des délinquants et criminels, l'abandon de nos frontières et de nos identités nationales, la dégradation de l'enseignement et de nos universités, la générosité sans limites pour tous les étrangers. Nos représentants officiels nous trompent et ont les yeux rivés sur le rétroviseur de notre histoire. Afin d'éviter le naufrage de cette Europe qui se désindustrialise, conséquence des délocalisations et d'une chute massive d'emploi, l'absence de croissance dans les économies d'Europe, à l'exception de l'Allemagne, devrait interroger nos gouvernants et les technocrates de Bruxelles.

Tout commença dans les années 1990, après la chute du mur de Berlin avec l'irruption d'une main-d' œuvre des ex-Républiques soviétiques. Des travailleurs qualifiés, à faibles coûts salariaux devinrent très vite des « favoris » aux profits des entreprises occidentales de l'Est. Le manque de législation internationale sur le travail assurant un salaire minimum et des droits du travail stimula l'exploitation des populations, précipitant dans le chômage et la pauvreté beaucoup de travailleurs occidentaux.

Après la Grèce, L'Espagne, l'Italie, le Portugal, la France plonge dans la récession. Les ravages causés par l'austérité marquent une baisse des activités productrices, génèrent des chômeurs et d'innombrables précaires qui ne touchent plus, pour certains, les aides sociales. En France, dans certaines régions du Centre et du Sud, l'Observatoire national de la pauvreté attire l'attention sur le fait que les plus vulnérables sont les familles monoparentales, les jeunes et les personnes âgées. La hausse généralisée des inégalités s'accentue et atteint des proportions révoltantes face à la dernière édition du classement des plus riches qui ont quadruplé leur fortune en dix ans par la spéculation de leurs profits boursiers et de leur patrimoine.

L'Allemagne devient la locomotive économique de l'Europe, et Angela Merkel la grande prêtresse de l'austérité a réussi à anéantir tout espoir dans le cœur des nouveaux travailleurs pauvres dont les salaires extrêmement faibles ne leur permettent plus de se loger, de se soigner ni de se procurer des biens et services de première nécessité.

Les USA, la Chine et le Brésil se battent et édictent des règles pour se protéger, quand seule l'Europe dans une posture idéologique, probablement téléguidée par des lobbies, a baissé toutes ces frontières douanières.

Les raisons d'espérer sont maigres et je crains que nous vivions dans un avenir proche des révoltes provoquées par la lâcheté de nos experts qui monopolisent l'expression des médias, aveuglés qu'ils sont de certitudes. Balayer les incompétents, faire le ménage, je pense qu'il est temps que le peuple reprenne le pouvoir. La technocratie du pouvoir de gauche comme de droite a trop souvent manipulé les populations immatures focalisées sur leurs intérêts catégoriels.

Comment ne pas comprendre le pessimisme du peuple qui se désespère élection après élection ?

Je suis de la génération de ceux qui ont cru dans les capacités de mon pays, son histoire et sa culture. Depuis trois décennies, notre nation s'enfonce irrémédiablement dans un communautarisme suicidaire, consécutif d'une immigration débridée. La crise de l'Union européenne me fait penser à la chute de la République romaine de (-509 à -27 avant J.-C.), par la crise identitaire issue du projet communautaire européen. Les citoyens s'interrogent de plus en plus sur l'appartenance à une culture ethnique attachée aux traditions familiales, culturelles, spirituelles, intellectuelles et artistiques qui les lient dans un ensemble que l'on appelle la nation.

La résolution de la crise devra passer par l'implosion du système afin d'éviter une dictature technocratique. L'attachement aux droits de l'homme n'échappera pas au chaos, pour lutter contre ce nouvel ordre européen qui tente de bafouer nos droits les plus fondamentaux.

La fin du rêve européen s'achèvera avec l'abolition de l'euro. Pour tous les eurosceptiques, le temps de l'espoir et des illusions entretenus par nos politiques s'effondrent. La priorité de sauver l'Union en péril relève du cauchemar, tant la crise qui sévit depuis une décennie a abîmé l' espace économique, culturel, et politique d'un avenir commun.

L'argent des syndicats français

Les syndicats de salariés défendent en général les intérêts des salariés. Mais pourquoi moins de 10% des salariés français sont syndiqués, et moins de 5 % dans le secteur privé ? La représentativité syndicale en France regroupe des adhérents par branches professionnelles. Les cinq confédérations historiques reconnues regroupent la CFE-CGC la

Confédération générale des cadres, la CFDT la Confédération française démocratique du travail, la CFTC Confédération française des travailleurs chrétiens, la CGT Confédération générale du travail et FO Force ouvrière. Seuls ces syndicats sont en mesure de signer des accords avec les gouvernants successifs à l'échelle nationale ou inter- professionnelle. Pourquoi depuis les années 1950, on assiste à une diminution progressive de l'adhésion des actifs dans la fonction publique et dans le secteur privé ? Le financement des syndicats, historiquement jusqu'en 2008, détenait cette particularité de ne pas être tenus par la loi à tenir une comptabilité, exception culturelle française, pour des organismes qui perçoivent des subventions publiques confortables. Cette situation a engendré des abus, quand nous savons qu'à peine 30 % des cotisations couvrent le budget des syndicats. Utilisant les caisses de retraite, des mutuelles et des organismes de formation l'argent des syndicats fait l'objet du rapport Nicolas Perruchot, du nom du député Nouveau centre, le tombeur de Jack Lang aux municipales de Blois en 2001, qui subit les menaces de toute la classe politique. Le rapport visait à faire la lumière sur les finances opaques des syndicats tant ouvriers que patronaux. Tous les groupes politiques UMP, PS, les Verts décideront de ne pas publier ce rapport, fait rarissime sous la Ve République. Les syndicats patronaux en dépit de leur opulence se financent dans des fonds des organismes paritaires, Sécurité sociale, UNEDIC, formation alors que les syndicats ouvriers ou agricoles vivent aux crochets de l'Etat. Qu'importe les cotisations des militants, alors qu'il est plus facile d'actionner les pompes aspirantes des comités d'entreprises publiques ! Dans ce combat essentiel pour la transparence des citoyens afin de participer aux enjeux démocratiques, il aura fallu batailler contre l'omerta de tous les partis politiques. Sans parler d'extorsions de fonds, des pratiques douteuses du financement des syndicats épinglés depuis de nombreuses années remettent en cause l'organisation sociale même de notre société.

Aujourd'hui les syndicats semblent ne représenter que des intérêts catégoriels, notamment dans la fonction publique. La suspicion des salariés du privé de plus en plus méfiants s'explique en partie par l'obtention minimum de suffrages aux élections dans les entreprises. De fait, la représentativité des syndicats dans les TPE, très petites entreprises regroupant 1 à 9 salariés qui représentent 85 % du tissu économique français, demeure pratiquement inexistante.

Les relations sociales dans les entreprises doivent contribuer à assurer la sécurité sanitaire des salariés dans les domaines de l'environnement et du travail, et fournir les dispositions législatives et réglementaires visant l'amélioration des conditions du travail.

Les conventions collectives au sein des branches n'existent que pour exposer les avantages des salariés en matière de congés, de grille salariale, de classement des qualifications et règles d'ancienneté. Le délégué du personnel, salarié protégé, représente le personnel dans toutes les entreprises d'au moins dix salariés, son rôle étant de transmettre à la direction de l'entreprise les doléances des salariés concernant le salaire individuel, la formation et le poste de travail. La grève consiste à faire cesser le travail pour faire pression sur l'employeur. Elle peut se poursuivre jusqu'à la fermeture temporaire ou définitive de l'entreprise et risque de troubler l'ordre et d'entraîner des violences. De nos jours, dans le tumulte des plans sociaux qui s'accumulent, et du nombre de licenciements boursiers qui se multiplient, l'efficacité de l'action syndicale devient illusoire.

Les caisses noires des syndicats et des fédérations trahissent cette volonté absolue d'acheter la paix sociale, et nous continuerons de dénoncer les dérives des comités centraux d'entreprise dans le public et le privé. Souvent étouffées par les grandes centrales syndicales qui n'hésitent pas à utiliser l'argent de la formation professionnelle. Pourquoi les fédérations syndicales chez EDF ne sont-elles pas favorables à la réforme des régimes spéciaux ? L'ensemble des comités d'entreprise mériterait d'être contrôlé de près, la première condition pour que les syndicats reprennent leur liberté d'action et de parole afin de regagner la confiance de leurs adhérents.

Quelle différence entre les inégalités sociales soutenues par les syndicats et la discrimination ? L'évolution des inégalités de revenus, de la précarité de l'emploi dans le secteur privé au détriment du statut de la fonction publique hyper- protecteur, le niveau de chômage élevé dans les pays européens, les travailleurs pauvres avec une misère qui persiste, François Hollande a pensé que niveler les inégalités consistait à augmenter les impôts par le matraquage fiscal. Dans notre pays les privilégiés de la crise ne sont pas seulement représentés par les riches qui continuent à s'enrichir, les classes aisées supérieures et moyennes, mais également par tous les titulaires protégés des aléas du chômage, environ six millions de personnes, qui ne vivront jamais des ruptures de parcours professionnels. Dans ce contexte, savoir que l'on disposera d'un salaire jusqu'à sa retraite sans jamais être licencié procure des avantages inestimables de sécurité. Dans les périodes de crise, savoir de quoi sera fait demain est un privilège qui dépasse tous les clivages politiques.

Pourquoi les syndicats salariés ne manifestent plus contre l'exécutif au pouvoir ? La mobilisation générale auprès des socialistes pour le « redressement du pays », auquel aucun économiste sérieux ne croit, pour le progrès économique et social oblige les organisations syndicales à se ranger en rangs serrés autour du « pacte de responsabilité » du président Hollande. Pendant que le pays s'enfonce dans les difficultés, il faut tenter de sauver du marasme les forces économiques, les employeurs, et les collectivités.

Les initiés de l'école n'ont pas toujours du talent

Sur le marché du travail le privilège qui structure le plus notre société est le titre scolaire ou universitaire. Notre société avait mesuré le diplôme comme une carapace protectrice contre le chômage. Aujourd'hui, le taux de chômage des diplômés, ou surdiplômés existe et se développe. L'élitisme républicain de notre système éducatif consiste pour les privilégiés à intégrer les classes préparatoires aux grandes écoles, dont les programmes de savoirs théoriques sont parfaitement adaptés aux enfants de parents diplômés, en particulier d'enseignants. C'est la façon dont l'école française fonctionne, en s'appuyant sur les efforts d'une poignée d'élèves plutôt qu'à la réussite de tous, jouant en défaveur des catégories les moins favorisées et devenant l'essence même des inégalités sociales.

Le slogan : « Le changement, c'est maintenant » de la dernière campagne de la gauche ne tiendra pas ses promesses, encore une fois, en matière de réforme de l'école qui ne touche pas l'essentiel du système, du régime fiscal, de la réforme des régimes spéciaux de retraite. Qu'a proposé la gauche depuis le début de son quinquennat si ce n'est le « mariage pour tous » alors que les inégalités sociales se développent pour les privilégiés du régime aux commandes de l'exécutif, de la haute administration, des grandes entreprises, des collectivités locales et du monde associatif ? La bourgeoisie économique et culturelle dispose de tous les pouvoirs, méprise trop souvent les quartiers populaires et les couches moyennes pavillonnaires. Ces moyens de communication et de lobbying sont considérables par la maîtrise de la parole publique et de la médiatisation. Les mouvements de soutien aux précaires, sans-papiers, mal-logés concentrent modérément leur énergie, alors que ces nouveaux militants issus des milieux urbains et cultivés s'orientent davantage pour les causes modernes comme la préservation de l'environnement, les inégalités dont sont victimes les femmes ou les homosexuels et la diversité ethnoculturelle. Nos élites bourgeoises sont plus préoccupées par les lieux de leurs prochaines vacances, le moyen de payer moins d'impôts, où trouver la meilleure école pour leurs enfants. Pourtant, beaucoup de citoyens partagent la volonté de réformes en profondeur de notre société. A l'heure des mouvements de contestation qui naissent un peu partout en France, des Bonnets rouges bretons soumis aux faillites de groupes agro-alimentaires et à l'écotaxe, les privilégiés du régime, à trop vouloir tirer sur la corde, ne risquent-ils pas de tout perdre si la contestation gagne en ampleur en se transformant en révolte généralisée ? La violence des privilégiés des acquis sociaux annonce une immense casse sociale face à cette France des invisibles, des démunis et des déclassés qui rejettent l'offre publique et syndicale.

Le tri social s'est effectué par l'orientation des élèves en fin de troisième, alors que les enfants d'enseignants, de cadres sont orientés vers les filières générales et technologiques. L'école censée réduire les inégalités reste un puissant vecteur de sélection sociale !

« Les hommes naissent libres et égaux en droit » selon la Déclaration des droits de l'homme et du citoyen, cependant les différences liées aux origines et au niveau d'éducation demeurent des inégalités explicites et assumées par tous les dirigeants, toutes obédiences confondues, et les pouvoirs au fil des générations. Les injustices sociales constituent l'enjeu des politiques pour les atténuer et les rendre acceptables. Le nivellement par le bas prôné par la gauche s'avère inefficace, démobilisant les qualités individuelles. Pourtant, au nom de la justice, la domination économique, politique ou sociale de nos élites devrait être réduite le plus possible.

L'égalité des chances est accentuée par des facteurs de transmission de patrimoine, de milieu culturel, d'éducation, de réseaux et de connaissances. La méritocratie perdure par la transmission d'héritages et de privilèges en accentuant la discrimination envers les précaires de l'Education nationale, les minorités, les enfants d'immigrés et les handicapés. L'idéologie pour les vainqueurs de l'école, où les gagnants raflent l'ensemble de la mise, où il ne reste plus rien pour les vaincus qui doivent se sentir coupables d'avoir échoué scolairement, décourage l'intelligence ou l'émergence de talent. Ce principe de découragement intrinsèque de notre système éducatif délibérément, orienté vers la réussite, a échoué et est à l'origine de l'amertume, du ressentiment et de la frustration pour deux cent mille personnes qui sortent du système scolaire sans aucun diplôme depuis plus de dix ans. Au nom de l'équité, fondée sur la reconnaissance des droits de chacun, le système éducatif s'avère inadapté, voire injuste. Dans la situation actuelle de mondialisation accélérée, de délocalisation industrielle, ce principe d'inégalité nous amène à nous poser de nombreuses et véritables questions sur le devenir de ces inadaptés du système. Est-il juste qu'un détenteur de portefeuille de titres boursiers gagne à la Bourse en l'espace d'une journée, grâce à un simple coup de fil à son banquier, ou agent de change, ce qu'un modeste employé ou ouvrier ne parviendra jamais à économiser durant toute sa vie ? Que reste-t-il à espérer aux ouvriers licenciés après vingt ou trente ans d'ancienneté, uniquement pour atteindre un taux de rentabilité exigé par les actionnaires, échouant à Pôle emploi ? Est-il normal, qu'un salarié, ou un artisan travaillant plus de huit heures par jour ait du mal à joindre les deux bouts, alors que certains dirigeants de grandes entreprises gagnent plus de 1500 fois le salaire d'un ouvrier par mois ?

La gauche a flirté, sans jamais obtenir de consensus de la population, avec des écoles de pensée, positivistes, rationalistes, spiritualistes, naturalistes, kantistes, existentialistes et spiritualistes au nom d'une doctrine toujours revendiquée provoquant beaucoup d'amères désillusions et un manque de cohérence flagrante. « La religion républicaine » tant souhaitée par Vincent Peillon, ministre de l'Education nationale du gouvernement Ayrault, député socialiste et membre dirigeant du Parti socialiste doit accompagner la laïcité, dogme inspiré des philosophes des Lumières pour combattre la religion catholique, lorsque la bourgeoisie et le tiers état ont pris le pouvoir durant la Révolution de 1789.

L'exemple de Robespierre développant le concept d'un homme nouveau et vertueux qui dominerait le monde s'est transformé en 1793 par la terreur et la guillotine, nouveau modèle de totalitarisme au pouvoir. Au XXe siècle, rappelons-nous que toutes idéologies confondues, sont à l'origine de 100 millions de morts. Pour Vincent Peillon, Franc-maçon et christianophobe, la Révolution française n'est pas achevée. En instaurant une religion d'Etat, il veut sans doute nous refaire le coup de la séparation de la religion et de la philosophie d'Etat, au nom de l'humanisme et du rétablissement de la morale à l'école, dont Mitterrand s'était cassé les dents face à la mobilisation massive de 1984. L'héritage de Jules Ferry s'est attaché à laïciser l'éducation en faisant des bataillons de bons citoyens dociles et obéissants.

L'instauration du mariage pour tous, de même sexe et la théorie du genre qui doit être enseignée à nos enfants dès la maternelle impliquent la destruction de la famille, ou du noyau familial et sont pour les socialistes une marche en avant du progrès.

CHAPITRE III

Les nostalgies françaises

Les Trente Glorieuses, et après ?

Il est vrai que la France de l'après-guerre est avant tout paralysée par une économie et des infrastructures obsolètes. Le rationnement toujours présent et la crise du logement accentuent les difficultés d'un peuple encore marqué par la guerre. Sur le modèle du New deal américain d'avant-guerre initié par le président Franklin D.Roosevelt, le plan Marshall de 1947 propose au nom des Etats-Unis d'aider le développement européen des pays engagés dans le dernier conflit mondial. Le plan Marshall, avec la domination économique américaine, répond à un double objectif politique et économique qui consiste à endiguer le communisme. Le gouvernement provisoire de la République française, après la fin du régime de Vichy entre en vigueur avec les institutions de la IVe République. La période de reconstruction qui suit, voit de nombreuses réformes fondamentales initiées par le Comité français de libération nationale, sous l'influence des anciens volontaires de la France libre, et elles ont structuré la société comme la souveraineté française et le rétablissement des deux pouvoirs législatif et exécutif, la gestion de la défense de tous les intérêts français dans le monde, l'autorité sur le territoire national et un pouvoir central animé par une volonté commune de dépasser les clivages sous la direction politique du général de Gaulle. L'œuvre du gouvernement provisoire. Elle conduit à une volonté de changement profitable pour la population française par l'instauration du droit de vote des femmes, de la Sécurité sociale, des allocations familiales, de l' Ecole nationale d'administration, des droits à la retraite.

Après des débuts difficiles, les trente ans qui nous séparent de la fin de la Seconde Guerre mondiale jusqu'au premier choc pétrolier de 1973, est une période de croissance économique, les Trente Glorieuses, de plein-emploi et d'une expansion démographique importante, le baby- boom. Rétrospectivement la volonté d'une croissance perpétuelle et infinie fondée sur la société de consommation créait une motivation d'achat systématique chez les citoyens achetant biens et services dans des quantités toujours plus importantes, ceci devenant un axe prioritaire de notre société moderne capitaliste. La possession et la publicité transforment les valeurs dominantes de consommation au détriment des relations sociales. Les enjeux ont permis au plus grand nombre d'avoir accès à une consommation croissante. La surexploitation des ressources naturelles a vu naître les sources d'une crise environnementale, énergétique et climatique. Mai 1968 a remis en cause la société de consommation critiquant la perte du lien social et des rapports sociaux facteurs d'inégalités et de dégradation. L'individualisation croissante, l'accroissement des divorces, la recrudescence de la délinquance sont à l'origine de l'érosion du lien social dans les pays économiquement avancés. Les indicateurs de cette dégradation démontrent, de par le nombre de dissolutions des couples, l'érosion de la fréquentation des associations, les pratiques religieuses dispersées, les emplois précaires et l'évolution de la délinquance et de la criminalité, la crise morale qui ronge notre société moderne.

Pour de nombreux Français, les regrets du temps passé, de cette époque de l'après-guerre et de la reconstruction du pays, des Trente Glorieuses d'abondance et de consommation évoquent tristesse, douleur et mélancolie. La nostalgie, caractérisée par le sentiment que le passé était toujours mieux, démontre une crédibilité certaine tant l'influence du projet européen a progressivement échappé à cet idéal de bien-être et d'épanouissement des peuples abandonnant les populations aux doutes et aux difficultés.

Il nous faut faire le deuil de l'Europe qui s'obstine à nous faire croire que l'harmonisation fiscale, sociale et économique d'un continent protecteur fera les beaux jours des nouvelles générations.

La déconstruction de notre identité familiale, culturelle ou sociale, pour de nombreux individus soumis à l'exclusion, prépare des changements contemporains radicaux. Sans faire appel à Marx, le rapport de force entre les dominants et les dominés va faire entrer les individus dans la spirale de la violence et du chaos. Le niveau de propagande et de désinformation de nos gouvernants atteint des sommets dans nos démocraties, exprime une volonté insidieuse de contrôler nos corps et nos esprits. La gouvernance globale consiste à nous imposer un ordre nouveau, vertical et rigide, qui travaille en profondeur pour motiver les classes économiquement dominantes. Si les couches populaires ne s'organisent pas en collectifs autogérés et non subventionnés de citoyens pour décider d'une résistance et lutter contre la prédation d'un projet mondialiste, par esprit de solidarité et de justice sociale, la garantie d' un état de droits sociaux ne sera plus assurée. La notion d'Etat social, surtout développé en France sous le terme d'Etat-providence s'affranchit résolument de la conception libérale et veut assurer de larges compétences économiques et sociales pour la prospérité des citoyens.

L'égalitarisme, une passion française

En France, le désir d'état se confond avec une véritable passion pour légalité. La promesse des politiques est d'atténuer les inégalités inhérentes à toute société basée sur la méritocratie. Refusant la responsabilité individuelle et le risque d'entreprendre, la population réclame plus d'intervention publique pour régler les difficultés croissantes de notre économie. L'Etat-providence avait construit toutes sortes de protections sociales contre les aléas de l'existence en faveur des cheminots, des enseignants, des agents d'EDF et de la fonction publique en général. Mais le rêve protecteur de l'état se fissure dans cette période de mondialisation, depuis que l'école n'est plus un gage d'intégration sociale, d'avenir et de réussite. L'égalitarisme républicain, ce que Tocqueville appelait « la passion Française de l'égalité », la justice sociale pour tous, n'est-il pas un modèle qui appartient au passé. Comment soigner l'école et les enseignants de vouloir construire une société plus égale et plus juste ? La démagogie consistait à croire qu'amener au baccalauréat toute une génération effacerait les inégalités.

Cette aventure n'a pas conjuré l'idéologie égalitaire de nos académies. Nous chassons nos riches, nos dirigeants d'entreprise, et nos cerveaux, et nous faisons venir des pauvres sans qualification, que nous enrichissons d'allocations multiples. Cette lancinante question de l'égalité transpire dans le discours de nos élites socialistes risquent de remettre en cause la vitalité de notre pays. Ce qui frappe dans le discours idéologique de François Hollande, c'est l'absence de pragmatisme d'un socialisme moderne œuvrant pour construire les conditions favorables dans lequel les entreprises pourraient trouver le chemin du développement. Les déclarations de certains ministres, Arnaud Montebourg en tête, contre la famille Peugeot, ou certains entrepreneurs du MEDEF (Mouvement des entreprises de France) sont la conséquence des comportements de nos dirigeants à géométrie variable.

La signification de l'expression « niveler par le bas » est d'amener différentes choses à un niveau commun sans aucune ambition et de viser le minimum, sous-entend généralement une notion de médiocrité. Le nivellement par le bas commence dès le plus jeune âge à l'école. En effet, sous prétexte de ne pas exclure les mauvais élèves du système éducatif les enseignants alignent le niveau pédagogique au service des plus mauvais. C'est comme cela que de nombreux élèves doivent subir le travail de sape d'une minorité. La presse se fait l'expression de la classe dirigeante et des élus locaux, assène l'habituelle propagande bien-pensante et concentre son énergie sur le politiquement correct du pouvoir afin de maintenir leur position, s'interdit sous peine de procès en inquisition de critiquer le fait que la France est incapable d'intégrer les populations qu'elle incite à faire venir depuis quarante ans sur son sol.

Le nivellement par le bas se poursuit à la télévision avec des programmes de télé-réalité d'une médiocrité sans limites. Le cinéma n'est pas en reste et nous bombarde de « blockbusters » affligeants dont les scénarios ne suscitent aucune intelligence.

Dans ce contexte, nous ne pouvons pas accepter le libre-échange. Un pied d'égalité vis-à-vis de nos partenaires commerciaux européens serait de ralentir leur courbe de croissance, au nom de l'équité en matière d'accès à toutes les ressources. Pourtant, l'accès au marché de la consommation, aux salaires élevés et à la croissance seraient les instruments de l'évolution sociale pour tous. Pratiquement, un créateur qui crée son entreprise et des emplois se développe et génère de la richesse, on le taxe de plus en plus, car la société française n'accepte pas qu'il ait pris des risques et qu'il ait réussi. Démobiliser les créateurs de richesse avec des impôts confiscatoires, en développant un assistanat de plus en plus florissant, sans contrôle, entraîne un effet de pompe aspirante pour de nombreuses populations étrangères. Lorsqu'un ménage a des difficultés financières, la première mesure d'urgence est de freiner ses dépenses. Au nom de l'effort national, la gauche a fait le choix de taxer les forces vives de la nation, encourageant à ses dépens la fuite des capitaux et des cerveaux à l'étranger.

Je me souviens que le candidat Hollande, durant la campagne, dans de belles incantations, avait fait de la jeunesse une de ses priorités. Alors, aux internats d'excellence qui avaient pour objectif prioritaire de proposer à des élèves motivés et méritants issus des quartiers populaires de bénéficier de conditions favorables à la réussite scolaire, le gouvernement Ayrault a préféré ne pas donner suite et sacrifier la jeunesse des banlieues sur l'autel d'une vision égalitariste sclérosante défendue par les centrales syndicales. Il est curieux de constater que les enfants d'enseignants sont surreprésentés dans les grandes écoles, et que les cadres supérieurs et entrepreneurs disposant d'un capital financier sont mieux armés pour créer et développer une entreprise. Liberté, égalité, fraternité, lit-on sur les frontons de nos mairies, seul le terme central fait figure dans l'Hexagone de cause nationale perpétuelle.

La France fabrique-t-elle des assistés ?

Un peu partout en France, l'Etat-providence décourage le travail avec une accumulation d'aides diverses et variées rendant l'inactivité plus lucrative que le travail. Ce système solidaire génère les bénéficiaires du RSA, revenu social d'activité, permet de cumuler les minima sociaux supérieurs à ceux d'un smicard. De plus, la Cour des comptes établit chaque année une fraude colossale d'aides sociales illégitimes. Honnêtement, les pauvres ne sont pas responsables de l'endettement du pays. Les régimes spéciaux, le traitement des élus ou encore le cumul des échelons administratifs (régions, départements, cantons) qui s'empilent et se cannibalisent coûtent des milliards en budget annuel de fonctionnement. Certains économistes considèrent que le modèle français permet à la France de mieux résister à la crise grâce aux subventions pour payer le service public et son cortège de fonctionnaires. En son temps, Laurent Wauquiez, député de Haute-Loire et ministre du gouvernement Fillon, avait enthousiasmé l'opinion dans sa lutte contre ceux qui vivent de la solidarité nationale. Face au boulet des finances publiques, les collectivités locales sont également fort généreuses avec la gratuité des transports et de la cantine, l'abattement pour la crèche et le centre aéré croulent sous les dépenses sociales. Pour lutter contre la déprime et l'enfermement des chômeurs de longue durée, il faut leur donner confiance dans notre pays et nos institutions. Les exclus de la croissance et de l'emploi répètent qu'il n'y a plus de boulot, ce qui est inexact, mais ils n'y croient plus. Certains politiques, impatients de voir la baisse du chômage tapent du poing sur la table et décident d'appliquer la loi de suspendre les allocations dès qu'un chômeur refuse deux offres d'emploi « raisonnables », s'inspirant du modèle allemand et anglais.

Mais l'assistanat est solidement ancré dans notre société, et lutter contre serait considéré comme un acte autoritaire. L'état désastreux de nos finances publiques ne laisse-t-il plus guère de choix à nos futurs dirigeants ? La leçon d'assistanat donnée à la France d'en bas est inacceptable. Comment survivre quand on est assisté ? Aider les plus démunis c'est acheter la paix sociale et éviter la guerre civile. Les titulaires des prestations reposent sur ce système de protection sociale qui remonte à la seconde moitié du XIXe siècle. Tout en critiquant le niveau de protection sociale dont disposent les plus faibles, les hauts dirigeants de la fonction publique et les entrepreneurs négocient pour eux-mêmes leurs différents avantages. Une bourgeoisie culturellement favorisée de droite et de gauche défend son élitisme républicain. Dans la sphère de l'entreprise, les niveaux de rémunération démesurés sont très largement négociés et permettent pour la plupart des plus riches de bénéficier de nombreuses niches fiscales avantageuses.

La France qui se lève tôt ne profite pas des largesses de l'Etat-providence et n'a pas les moyens de frauder fiscalement, ce qui lui paraît un acte moralement inacceptable, pourrait profiter au Front national aux prochaines élections.

L'éternelle controverse de l'assisté justifie-t-elle encore, celle du chômeur senior qui a perdu son boulot après avoir cotisé 35 années, de l'invalide, ou encore de l'étudiant qui termine ses études et qui ne trouve pas de travail ? La France forte, les patrons du CAC 40 qui bénéficient de niches pour « planquer » leurs profits à l'étranger, ont suivi l'exemple du président Sarkozy qui s'était octroyé une augmentation de traitement de 172%.

La France des nantis contre la France qui travaille dur pour gagner sa vie reprend un slogan du Front de gauche qui a pour ambition de fédérer toutes ces pauvres gens qui ont cru aux promesses de la belle campagne de 2007 du candidat Sarkozy qui avait fait naître l'espoir des couches populaires. Dans un climat de défiance, la note de la France a encore été dégradée par l'agence de notation Standard and Poor's malgré le déni de réalité du président Hollande refoulant l'orientation libérale et l'austérité, nous assurant que notre pays avait encore des marges de manœuvre financière.

La France n'est plus en mesure de se réformer davantage, et la tension sociale va croissante au rythme des plans sociaux et des licenciements en cascade. Crise, dette, austérité, l'absence de croissance, le manque de compétitivité des entreprises, un déficit chronique de notre commerce extérieur, un chômage élevé, n'en déplaise à l'exécutif, justifient cette inquiétante dégradation. Dans ce contexte conjoncturel dégradé, la France ne tiendra pas ses engagements de réduire son déficit à 3% du PIB (Produit intérieur brut) en 2015. Le consentement de l'impôt des Français a franchi ses ultimes limites, et la sanction politique contre le gouvernement Ayrault approche à grands pas !

Le mythe du général de Gaulle, et l'identité nationale

L'anniversaire du 18 juin 1940 et l'anniversaire de la disparition du grand homme, le 9 novembre 1970 semblent devenir des repères historiques incontournables dans ce pays déboussolé. Le mythe gaullien, libérateur et père fondateur de la Ve République, protecteur de la nation exerce une forte fascination pour cette France inconsolable. Sincères ou intéressés les hommes politiques qui se réclament du général sont légion. Tous nos premiers ministres avec habilité et conviction entendent dépasser les divisions traditionnelles de la gauche et la droite et instrumentalisent le grand homme. Au fond le gaullisme appartient au passé, l'euro a remplacé le franc et le débat sur l'identité nationale fait rage. Le secteur public n'a plus l'influence sur l'économie mondialisée pour ceux qui continuent à se disputer encore la croix de Lorraine, et l'argent est partout. Il est curieux d'observer, pour ma génération qui avait dix ans en 1968, que depuis la mort du général de Gaulle, le mythe gaullien, est élevé au rang d'icône planétaire, alors que l'homme d'Etat avait tant été contesté. Symbole du rassemblement national, sacralisé au XXIe siècle, la doctrine des politiques pour regagner de l'espoir « des lendemains qui chantent » recherche et l'utilise comme l'œcuménisme républicain.

Mythe ou imposture politique du libérateur ? L'histoire ne lui pardonnera pas son attitude vis-à-vis des pieds-noirs pendant la guerre d'Algérie, ou encore sa fuite en pleine révolution sociale et culturelle de mai 1968. Fini la décolonisation et la guerre froide, le débat politique se concentre aujourd'hui sur les scènes médiatiques par la crise économique, l'austérité, la dette publique, la laïcité, l'identité nationale et le chaos social qui se prépare. Le projet gaulliste s'inscrit dans une conception de la France et de l'Etat. Pendant de nombreuses décennies, pour ces partisans, le goût d'un pouvoir autoritaire providentiel forgé sur la fidélité à la nation et la continuité de l'Etat fédéraient la pensée de réconciliation. La résistance du mythe atteint désormais le rang de symbole. Sa présence se matérialise dans d'innombrables rues ou avenues de l'Hexagone et sur des monuments français de la Ve République.

La célébration de l'anniversaire de sa mort devient un rituel fondateur du père de la nation, et tous les livres traitant de son histoire obtiennent un grand succès en librairie. Chaque année la classe politique de tous bords afflue à Colombey-les-Deux-Eglises essayant de capter « l'âme du grand Charles » qui plane toujours sur la vie politique française. La réussite politique de De Gaulle aura été de souder la nation divisée en refusant d'accepter la défaite de 1940, en incarnant la volonté de résister et de se battre. Le mépris souverain pour le matérialisme et l'argent et un sens de la responsabilité contrastent tant avec les présidences de François Mitterrand, Valéry Giscard d'Estaing, Jacques Chirac et Nicolas Sarkozy. Pour ce dernier, le retour de la France dans le commandement intégré de l'OTAN (Organisation du traité de l'Atlantique Nord) apparaît comme le fossoyeur du gaullisme.

La doctrine du gaullisme orientait le peuple vers un destin commun, comme les croisades et la chevalerie, et tentait d'unifier les institutions politiques afin éviter les luttes internes des partis qui avaient été préjudiciables au pays pendant la IVe République. En développant un patriotisme, refusant la vassalisation de la France, par une indépendance farouche refusant les organismes supranationaux, ONU (Organisation des Nations unies), Communauté européenne, OTAN (Organisation du traité de l'Atlantique Nord) et les superpuissances économiques et financières par un exécutif fort et stable qui donne au président de la République un rôle primordial a façonné tous les domaines : politique, économique, culturel, diplomatique et militaire. Le refus du libéralisme économique au profit d'une économie orientée par l'Etat, la planification de l'aménagement du territoire, le double refus du capitalisme et des socialismes révolutionnaires tentaient de réconcilier les Français avec le capital et le monde du travail.

Le pragmatisme et le refus des carcans idéologiques, en vue d'atteindre le rayonnement de la France dans le monde, aboutissaient à une certaine justice sociale avec efficacité. C'est pourquoi le gaullisme rassemble aujourd'hui des hommes de toutes origines politiques remettant en cause le capitalisme et défendant la démocratie sociale. La transformation du RPR en UMP parti dominant de la droite classique, par son programme libéral et pro-européen pose la question de l'héritage et de la pérennité du gaullisme dans la politique française.

La terre de nos ancêtres, le pays dont on est originaire et qui nous est cher, la communauté à laquelle nous appartenons doivent s'effacer devant la valeur suprême de l'esprit européen et de la multiculturalité. Notre histoire, la langue, la culture et les traditions sont défendues par ceux qui protègent la souveraineté nationale au détriment de l'Europe. L'esprit patriotique est une revendication historique, culturelle, linguistique ou religieuse qui exige que les membres d'une communauté soient convaincus qu'ils relèvent d'une même appartenance nationale. L'identité nationale désigne simplement l'ensemble des caractéristiques communes entre les personnes qui se reconnaissent comme appartenant à une même nation. Dans notre pays, le débat politique sévit de manière durable et souvent haineuse sur l'immigration et l' incapacité évidente d'accueillir désormais toutes ces populations venues en masse chercher un emploi, un logement, et une meilleure qualité de vie. Les flux d'immigrés sur notre territoire, d'origine non européenne pour la plupart, sont motivés par l'aspiration à faire des études, à rechercher un meilleur niveau de vie par l'attribution de nombreuses prestations sociales, ou à rejoindre le conjoint ou les enfants déjà installés.

Choisir des immigrés en fonction de leurs compétences et de leurs talents aurait pu en faire un atout pour le développement de la France. Le déficit d'immigration qualifiée rejaillit sur la compétitivité de notre économie et les salaires. N'en déplaise à nos politiques et au patronat dans un pays qui compte 5 millions de chômeurs officiels, 2 millions de RSA, revenu de solidarité active, 4 millions de mal-logés et 10 millions de pauvres, l'afflux d'immigrés est à l'origine de l'augmentation de plus de précarité, de pauvreté et d'insécurité. Il faut cesser les flux migratoires dans les meilleurs délais. Nos élites valorisent la diversité et la lutte contre les discriminations, mais l'intégration de l'ensemble des femmes et des hommes d'origine étrangère appelés à vivre durablement sur notre sol remet en cause la cohésion sociale sur de trop nombreux territoires. Les polémiques suscitées pendant la dernière campagne des élections présidentielles et les craintes de la perte de l'identité nationale ne doivent pas occulter le débat démocratique sur l'avenir de la nation.

Contrairement à l'affirmation de Bernard Stasi, homme politique français, ministre des Départements et Territoires d'Outre-Mer en 1974, l'immigration n'est plus une chance pour notre pays, cela ne fait aucun doute pour une large majorité des Français. Racisme ou xénophobie ? Notre société se fracture et se radicalise sur le durcissement très net de stopper l'immigration, n'épargne pas la gauche. Il est vrai que l'exaspération ne souffle pas dans les beaux quartiers parisiens d'où viennent les leçons de morale de la gauche bien-pensante, contrairement à cette France des invisibles et déclassés dans les zones périurbaines et rurales. Le sentiment qui se développe que l'on en fait plus pour les immigrés que pour les Français, et que les pouvoirs publics ne luttent pas efficacement contre l'immigration clandestine favorisent le rejet de la population étrangère et expliquent les difficultés d'intégration sur le sol français.

L'expulsion de Leonarda, alors que l'on sait qu'elle était très peu scolarisée, que son père était violent, connu des services de police, qu'il refusait de travailler en expliquant clairement devant les médias qu'il préférait toucher les aides sociales, devrait servir de leçon à tous ces militants zélés qui se battent pour les droits humains et le respect des libertés individuelles.

Les dérives de l'exception culturelle française

Pourquoi l'exception culturelle française est devenue une expression polémique ? C'est ainsi qu'en France le centre national de la cinématographie prélève un pourcentage sur tous les billets vendus pour apporter une aide substantielle à l'écriture, à la création ou à la diffusion d'œuvres d'expression française, amplifié très largement par le financement de la télévision pour favoriser la production cinématographique. Le cinéma français est de plus en plus subventionné, alors que certains de ses plus gros succès commerciaux perdent de l'argent. Un fonds de soutien alimente également le théâtre et la musique. Les critiques de l'exception culturelle se fondent sur son mode de fonctionnement, et son coût pour les finances de l'Etat. La conséquence de ce subventionnement étatique génère un nombre croissant de créateurs, précaires pour la plupart, qui ne peuvent pas vivre de leur métier et creusent le déficit du système de l'intermittence qui pèse lourdement sur les ASSEDIC. Sur le fond, j'ajoute que la volonté de démocratisation de la culture par de larges subventions publiques profite toujours au bénéfice des cadres et des professions intellectuelles.

Encore une fois, l'idéal de l'excellence a cédé devant l'idéologie de l'égalitarisme pour le plus grand nombre. La récente étude d'Agnès Verdier-Molinié, présidente de l'Institut français pour la recherche sur les administrations et les politiques publiques, nous confirme que l'exception culturelle a coûté plus de 11 milliards d'euros en 2012 lorsque l'on additionne les financements de l'Etat, des régions, des départements, des communautés de communes et des communes. Il est faux de croire que le protectionnisme culturel renforce la cause de la diversité en limitant les idées, les produits et les influences afin d'assurer un champ unique de protection du style national. Mais l'augmentation des budgets alloués à la culture profite et fait vivre une administration pléthorique qui plaide pour une hausse continuelle des dépenses.

Les risques de corruption du financement de la culture par l'Etat conduit à de nombreux abus. Le copinage est une pratique politique de gauche comme de droite fort répandue de nommer à des postes de responsabilités bien rémunérés, des personnes non pas sur des critères de compétences mais parce qu'il est un ami. Peu préoccupés par l'intérêt général, les candidats demeurent prêts à rendre des services à celui qui les a nommés. L'utilisation de la recommandation est une pratique courante souvent mal perçue parce qu'elle représente un certain favoritisme.

Mais cette exception culturelle voit beaucoup plus large, car on peut y inclure de nombreux festivals, le prix unique du livre et les quotas de musique française. L'interventionnisme étatique pompe les ressources du secteur privé par des impôts et taxes et asphyxie l'économie. Pendant ce temps, certains réalisateurs et producteurs font des films qui ne dépassent guère les cinquante mille entrées. Les bons contacts, au ministère ou au CNC (Centre national de la cinématographie) encouragent le clientélisme et permettent d'obtenir des subventions. Les petits arrangements entre amis ont été quasiment institutionnalisés et combinent les subventions, quotas et allègements fiscaux pour soutenir le cinéma, la télévision et la musique.

La France a eu gain de cause dans les dernières négociations commerciales de l'Union européenne avec Washington : « C'est une victoire pour notre pays ! », a renchéri avec enthousiasme, le ministre de la Culture, Aurélie Filipetti sur son compte Twitter. L'exception culturelle a été créée en France par Malraux au lendemain de la guerre pour combattre l'hégémonie des Etats-Unis, et plus particulièrement d' Hollywood pour protéger notre cinéma. Rappelons que sur les 200 films produits chaque année dans notre pays, une poignée de longs métrages seulement sont bénéficiaires. Nous sauvons notre industrie cinématographique, mais à quel prix ? La Commission européenne, en la personne de son président, José Manuel Barroso, considère que la France a une vision réactionnaire de ce traité de libre-échange, portée par des hommes qui se disent de gauche, a tenté d'éviter la crise de confiance de la communauté... mais pour combien de temps encore ?

Le principe d'exception culturelle française ne serait-il pas le refuge d'un pays en déclin qui redoute la globalisation ?

CHAPITRE IV

Le front des réalités

De l'indignation à la révolte

L'idée de résistance contre une loi injuste ou un impôt confiscatoire exprime le refus d'être complice d'un pouvoir politique devenu illégitime, exclut toute tentative de collaboration du peuple. Le pouvoir d'un Etat repose entièrement sur la coopération de la population. Dès l'instant que le peuple refuse d'obéir, par une prise de conscience générale, il peut résister courageusement sans violence pour suivre l'exemple de Gandhi en Afrique du Sud et en Inde, Martin Luther King aux Etats-Unis, ou les mères de la place de Mai en Argentine.

Le plus souvent on assiste à des débordements, de révoltes de collectifs soucieux de trouver des solutions violentes sur fond de crise et de désespérance. Immanquablement, il s'en suit des dégradations de biens privés ou d'édifices publics, et de violentes altercations avec les forces de l'ordre. Le creuset des révoltes se conforte contre la pénurie d'emploi, les plans sociaux à répétition, l'appauvrissement des territoires, le modèle agricole en berne, et la désindustrialisation. Il fait échec aux politiques de nos élites cramponnées à un modèle centralisateur d'un autre âge. Malgré les incantations volontaristes de nos élus, ne disposant plus de subventions suffisantes pour apaiser les crises, ils vont être de plus en plus confrontés à des crises imprévisibles, majeures et brutales. Les défilés de l'ensemble des syndicats, de nombreux sympathisants de gauche et de droite font exploser leur colère en maintenant la pression jusqu'à d'éventuelles négociations avec les pouvoirs publics. La dernière révolte des Bretons pour défendre leurs emplois et leur territoire, la colère des Bonnets rouges, en référence à une révolte antifiscale datant du XVIIe siècle, contre la fiscalité, l'écotaxe et les fermetures de nombreuses entreprises agroalimentaires criaient des slogans hostiles contre la conjoncture économique pour sauver la Bretagne de la crise. Le cri de colère des ouvriers, des salariés, des artisans et des agriculteurs démontre cette crainte de l'avenir, de subir le déclassement et la précarité. L'épisode breton a marqué les esprits. La liste des plans sociaux qui s'allonge jour après jour, ne va-t-elle pas entraîner un déferlement national de révoltes ? La violence sociale qui monte avec son cortège d'exaspérations, n'en déplaise aux syndicats, justifie les reculades successives de nos gouvernants. Est-ce la fin de l'industrie agroalimentaire en Bretagne ? Comment sauver les campagnes, et les usines en péril ?

Si les opposants au libéralisme destructeur se fédèrent par millions, les manifestations vont gagner en violence partout sur l'Hexagone. Malgré la dégradation du climat social, le lobby bancaire et les plans de rigueur successifs, la colère grandit. Les « pauvres » encaissent leurs allocations et ne bougent pas, tandis que les classes moyennes n'ont encore pas la culture des barricades. Face aux plans de rigueur qui vont s'amplifier, et à la soumission de la population, le refus et l'indignation contre nos dirigeants, politiques, banquiers, administratifs risquent de pénétrer les jeunes générations enclines à adopter une attitude plus radicale voire « révolutionnaire » contre le capitalisme financier et la pénurie.

Dans un pays où chaque Français peut aisément constater une dégradation de sa situation économique, où augmente un niveau d'inquiétude croissant de l'avenir de leurs enfants, face à une hémorragie d'emplois industriels, à une extension du chômage et à la précarité, l'alternance au pouvoir des partis de gauche ou de droite n'a apporté aucun changement. Tandis que la pauvreté progresse, notre démocratie, à bout de souffle, ne nous offre aucune alternative. Une caste de politiciens, de journalistes et d'experts accapare le pouvoir, développant l'idée que la mondialisation est un bienfait pour chaque citoyen. Quant à la représentativité nationale, quand en 2005 les électeurs français ont rejeté massivement par référendum le traité de Lisbonne, le vote populaire fut contredit par l'immense majorité des députés. Notre pays est devenu une véritable monarchie élective où rien ne change puisque tous nos candidats aux élections suivent les mêmes dogmes économiques orchestrés par des médias omnipotents qui font que les Français se réfugient ainsi de plus en plus dans l'abstention. La République ne fonctionne plus, et le mécontentement de la politique s'exprime semaine après semaine dans les sondages. Les Français craignent le chômage, estiment que la mondialisation est une menace, que les politiciens sont corrompus et n'agissent que dans leur propre intérêt, et que les journalistes ne sont pas indépendants, ne parlant que peu des véritables préoccupations du peuple. La voie du progrès économique et social s'est obscurcie au profit d'un malaise grandissant qui va piéger tous nos politiciens imprudents. Les insurrections affirment le droit de résistance à l'oppression du peuple contre les gouvernements inopérants. La révolte des esclaves dans l'Antiquité, aux révoltes populaires des Croquants du XVIIe et XVIIIe siècle en passant par les journées révolutionnaires de la Révolution française jusqu'à la protestation et les émeutes des étudiants et des travailleurs contre le gouvernement de Charles de Gaulle en mai 1968 jalonnent l'histoire de France, et plus généralement l'histoire des hommes dans tous les pays du monde. Si la situation dégénère en Europe, les partisans des réformes remettant en cause les hiérarchies sociales, avec toute une partie de la population, risquent de menacer directement l'oligarchie, ennemis de l'émancipation des citoyens menacés d'appauvrissement. Les tensions extrêmes qui touchent les familles les plus modestes avec la baisse de leur pouvoir d'achat, les prix qui augmentent trop vite alors que les salaires des ouvriers et des salariés stagnent, la crise agricole, de l'industrie et du commerce disqualifient le pouvoir qui devient le moteur de futures révoltes et rurales.

La crise morale et l'aspiration profonde de changement du corps politique, les dépenses publiques qui s'accélèrent et la crise financière, une administration complexe et inadaptée devenue inefficace, hantent l'esprit de la société civile. Quand les partisans du véritable changement prendront le pouvoir, dans une France devenue ingouvernable par ses rivalités politiques, les affrontements dans toutes les communes du pays pourront faire de nombreuses victimes afin de frapper l'opinion, marquant un tournant essentiel du rétablissement impossible de « l'Ancien Régime ». Conduite par des « rebelles » ou des extrémistes, la tradition de violence populaire relève d'une stratégie révolutionnaire qui exprimera la rupture radicale avec le passé.

Malgré la volonté du durcissement de l'Etat policier de Manuel Valls, ministre de l'Intérieur de la « Hollandie », tout converge pour nous faire arriver à un scénario catastrophe par la faute et la corruption de nos élites. L'abandon de notre outil productif, le chômage de masse, la baisse drastique des protections sociales, des salaires et des petites retraites favorisent la révolte sociale et préparent le chaos.

La crise financière et la dette publique

Le bras de fer est engagé entre les Etats membres de l'Europe et le Parlement européen sur le budget, en raison des divergences de certains pays au bord de la faillite. Le piège diabolique dans lequel les pays sont contraints de payer leur dette va contraindre les contribuables européens à la ruine. Année après année, l'économie de la zone euro se délite avec les mesures d'austérité imposées par le secteur bancaire. Tout cela amène l'absence absolue de confiance vis-à-vis de l'Europe. La zone euro est devenue un enfer pour de nombreux pays qui vont se retrouver insolvables, incapables d'emprunter sur les marchés. Prendre le risque de quitter la zone euro pourrait coûter cher, répètent inlassablement nos experts, mais le scénario des dettes souveraines et de la récession des économies réelles ne pourra sauver les peuples. La crise financière mondiale débutant en 2007, les établissements de crédit sont paralysés par des créances douteuses qui constituent une bombe financière à retardement. La situation économique de la zone euro va demeurer très difficile dans la décennie prochaine. Les économistes tablent, sans aucune certitude, sur une légère reprise possible sous l'impulsion de l'Asie ou des Etats-Unis. La réduction des dépenses publiques et la baisse des salaires, une politique de rigueur visant à favoriser la compétitivité condamnent les pays de l'Europe du Sud, les plus fragiles à la récession, incapables de remplir leurs objectifs budgétaires. Les agences de notation ne manqueront pas de dégrader la note de ces pays contre leurs efforts insuffisants. Si Paris renonce à son objectif de déficit de 3%, sa crédibilité sur les marchés sera affectée. Les gouvernements français pourraient entraîner le pays dans le cercle vicieux d'une récession profonde qui se prépare comme la Grèce, l'Italie, l'Espagne, le Portugal et l'Irlande. Crise bancaire, crise boursière et crise de la dette publique affectent à terme tous les marchés de la planète, son aggravation conduira à la récession et au resserrement du crédit donc à une forte baisse de l'investissement des particuliers, des ménages comme des entreprises provoquant une crise de confiance et la récession. Les risques des marchés, liés aux variations des taux d'intérêt correspondent à des problèmes financiers spéculatifs qui se répercutent sur la stabilité du système. Cet effet domino agit sur le moral des ménages et le pouvoir d'achat, tant les indicateurs dans la zone euro, notamment en France où le chômage explose dans de nombreuses communes avec un nombre croissant de demandeurs d'emploi en un an qui ne cesse d'augmenter. Partout l'Europe craque, et les colères montent annonçant la fin du modèle économique. Des millions de citoyens dénoncent les politiques d'austérité. Sans redressement économique prochain dans l'agriculture, l'industrie et les services le nombre de défaillances d'entreprises va s'accélérer. La recherche de la compétitivité perdue des entreprises françaises s'affiche chaque année par le nombre d'entreprises exportatrices, le déficit chronique de la balance commerciale qui atteint des records de déficit depuis une décennie, laissant à l'Allemagne une grosse part du gâteau des exportations mondiales. C'est pourquoi les chômeurs, les étudiants et retraités vont ressentir « le choc de compétitivité » par des dommages collatéraux de redistributions sociales de plus en plus faibles. C'est l'innovation, la recherche et le goût du risque qui permettront à nos entreprises d'avoir des avantages concurrentiels. L'idée est de réussir à développer des secteurs à la concurrence. L'industrie du luxe, avec des consommateurs captifs dans le monde, l'aéronautique, des industries de pointe seront les moteurs d'un rebond économique encore possible.

Réformer le système financier, afin d'éviter l'état d'urgence qui mène à davantage de conflits et de troubles sociaux provoqués par de milliers d'usines menacées de faillite et de plans sociaux. L'Etat se débat contre la faillite en massacrant fiscalement la population, ce qui a pour effet de favoriser l'exode fiscal pour les plus aisés, et les plus créatifs.

Les émeutes et des pillages de transports de marchandises, des supermarchés pris d'assaut, des grèves répétées et des manifestations sociales seront les conséquences directes du quotidien pour la population. Les programmes sociaux suspendus, les retraites et les aides sociales financées à crédit ne seront plus versées, les agences bancaires fermeront les unes après les autres, le versement des salaires et des primes des services publics seront asséchés de 30%, tel est le scénario catastrophe qui pourrait rapidement dégénérer.

Tant que l'épargne des Français d'environ 1800 milliards, malgré la hausse continue du chômage et de la précarité, servira de caution à la dette publique de 2000 milliards empruntés à des taux encore bas, cela évitera de faire sombrer notre nation dans la banqueroute. Combien devons-nous épargner pour sauver notre pays de la faillite, si nous ne voulons pas vivre la débâcle argentine des années 1990 ? L'État compte sur les économies des citoyens stockées en banque. Il serait temps d'imposer des changements radicaux à ceux qui nous ont trahis et trahissent encore. Un Etat qui dédie son action tout entière à payer les intérêts de sa dette à ses créanciers, est le signe d'un pays surendetté par une corruption endémique où une oligarchie qui capte toutes les richesses du pays a perdu le sens de l'intérêt général. Fallait-il condamner à perpétuité la population à rembourser la dette ? En effet, l'insupportable dette publique de la plupart des pays industrialisés dénonce les promesses de nombreux gouvernements impliquant des augmentations de dépenses supplémentaires en matière de retraite et de santé hypothéquant l'avenir pour les décennies à venir. Finalement l'ampleur de la dette publique aux USA et au Japon n'est pas meilleure qu'en Europe et démontre indubitablement que tous les budgets ont été déficitaires. En France, nous nous endettons pour payer une fonction publique pléthorique et surnuméraire et pour régler des prestations sociales d'un Etat-providence. Les allocations chômage généreuses, le coût croissant des allocations des immigrés d'origine étrangère, l'absurdité économique des emplois aidés qui ne créent aucune valeur ajoutée et creusent les déficits sans choquer aucunement nos énarques. Les dirigeants français sont incapables d'envisager le moindre effort et développent un déni de réalité redoutable espérant jour après jour un retour inespéré de la croissance.

Il semble évident que, si l'on peut encore rembourser les intérêts de la dette, pourra-t-on encore rembourser le principal si les taux d'intérêt dépassent les 5% ? La dette de la sécurité sociale et des collectivités locales, les budgets militaires, ou l'entretien des lignes SNCF sont en proie à une gestion dispendieuse, irresponsable et incompétente. Qu'il s'agisse des entreprises publiques, de la gestion des communes, des régions et de l'Etat, l'endettement ne peut concerner que des investissements en coupant drastiquement dans les dépenses de fonctionnement.

Les aberrations françaises d'entretenir un collectivisme hexagonal sont démasquées dans un environnement européen et international mercantile et ouvert. Pour autant, la proposition du Front national de sortir de l'euro et de reprendre le franc, afin de retrouver une politique monétaire indépendante, en faisant fonctionner la planche à billets librement, est-elle réaliste ?

Le chaos, n'est-il pas voulu par l'oligarchie qui nous gouverne ?

Je ne peux pas croire qu'une guerre est bien dans les cartons de nos dirigeants par une aggravation de la catastrophe économique incontrôlable qui se prépare. Le casino de la finance, de criminels en col blanc se partagent les conseils d'administration des grandes entreprises et des banques afin de cacher à la population la dépression digne des années trente qui s'annonce. Si le cartel des banques décide d'imposer sa loi au reste du monde, l'histoire contemporaine des nations nous rappelle souvent que la guerre est capable de remettre les choses à plat. L'élite mondiale contrôle la planète par les institutions financières et les multinationales, décide d'asservir les gouvernements et les peuples par la dette. Sans être le théoricien du complot, les médias nous informent rarement des décideurs corrompus, avides de pouvoir, qui exercent une influence considérable sur l'économie internationale. Dans les coulisses, ces hommes de pouvoir dominent les méga-entreprises et les organisations internationales, la Banque mondiale, le FMI, les banques centrales comme la réserve fédérale contrôlent la circulation de l'argent dans le monde entier. La puissance du capitalisme financier nage en eaux troubles. La banque Goldman Sachs qui a pour ambition de diriger le monde nous plonge dans les liens très étroits existant entre la politique et la finance. En 2007, les plus grandes institutions de Wall Street savaient qu'une crise financière se préparait, dont les conséquences ont engendré pour des millions de personnes la perte de leur emploi et de leur maison. L'enquête sur la dernière dépression mondiale dévoilait la collusion marquée de la finance, des hommes politiques et des médias. Il appartient sans doute à chacun de prendre ses responsabilités et de s'organiser pour résister. Toutes les volontés seront utiles de se battre contre l'ennemi commun qui prend le visage de ce nouvel ordre mondial fondé sur la finance et les crises économiques successives. Quelle est la goutte d'eau qui fera déborder le vase, et provoquera des révoltes sociales à répétition ? Une baisse des dépenses publiques favorisant les inégalités sociales entraînant un appauvrissement grandissant de la société et un durcissement de l'Etat policier imposés par la construction européenne empêche les citoyens de comprendre que c'est notre appartenance à cette union libérale qui est la cause de nos malheurs. Il est curieux de constater que les Français sont mécontents et réclament de vraies réformes.

La réponse des politiciens démagogues de gauche facilite toujours les réformes pour adoucir les peines de prison quand la criminalité s'accroît, l'arrivée d'immigrants quand l'intégration devient impossible, travailler moins longtemps dans les services publics et prendre sa retraite dans les entreprises publiques le plus tôt possible, et enfin marier des gens de même sexe tout cela au nom de la modernité, du progrès social et du changement.

Les scènes de guérillas urbaines que nous connaissons depuis de nombreuses années à Paris, et dans de grandes villes de France, malgré les pitoyables tentatives de dissimulation du ministère de l'Intérieur, et des médias complices sont révélatrices de l'incapacité d'intégration de cette colonisation migratoire par des populations devenues inassimilables. Hostiles au pays d'accueil, en échec scolaire, assistés socialement pour la plupart et marginalisés, ces revanchards islamisés de la République peut conduire notre pays à une situation de guerre civile, si aucun changement radical n'est rapidement entrepris. Il est grand temps de réformer le code de la nationalité du droit du sol par le droit à la filiation, d'inciter le retour au pays de tous les clandestins et l'expulsion de notre territoire des criminels étrangers. Bien qu'il n'existe pas de statistiques fiables du nombre de musulmans dans les prisons françaises, on peut émettre des suppositions, n'en déplaise au MRAP, sur la concentration de nombreux délinquants partageant les mêmes origines issus des zones de la périphérie de nos villes. Les poursuites engagées par SOS Racisme, la LICRA (Ligue internationale contre le racisme et l'antisémitisme) et le MRAP (Mouvement contre le racisme et pour l'amitié entre les peuples) interdisent à quiconque de débattre de ces sujets, sous peine de discrimination raciale.

Il est temps d'ouvrir les yeux sur le monde qui se prépare pour les générations futures. La pression politique constante, relayée par les médias, considère une « race supérieure » pour régler les problèmes de la planète. Il ne s'agit pas d'une vision fantasmagorique, mais cette élite mondiale veut régler la bonne marche des humains par l'économie libérale dans la mondialisation. La démocratie est devenue une peau de chagrin. Le chaos est nécessaire pour amener l'ensemble des populations dans un état de faiblesse et d'anxiété, elle sera guidée par les « seigneurs » accompagnés par des soldats militants chargés de la mise en œuvre et de la persuasion, et enfin des classes laborieuses corvéables. « En politique, rien n'arrive par hasard », écrivait Franklin Delano Roosevelt. Ne nous laissons pas abuser par ces groupes financiers, et leur tentative de conquête militaire pour maîtriser le monde.

La conférence de Bilderberg est un rassemblement mondial, essentiellement de personnalités américaines et européennes de la diplomatie, du monde des affaires, des politiques, des grands patrons et des médias. Ce forum réunit des dirigeants qui s'unissent en matière de coopération militaire, économique et politique. L'opacité de ces conférences a alimenté diverses théories du complot, de conspiration secrète, civile, criminelle ou politique qui agirait avec l'unique objectif de détenir et conserver le pouvoir absolu sur la politique et l'économie. Cette élite d'influence confisquerait le pouvoir contre le peuple et contrôlerait toutes les ressources de la planète. Cette conspiration fatale pourrait préparer la Troisième Guerre mondiale et l'extermination des trois quarts de l'humanité.

Les conséquences de la pensée unique

Depuis la moitié du XXe siècle, le conformisme généralement utilisé dans le monde politique et économique de l'Europe communautaire consiste à promouvoir comme légitimes l'intégration européenne, l'économie ouverte, la libération des mœurs et l'immigration. Le consensus national et européen de la monnaie unique ne peut souffrir de polémique. Plutôt que d'essayer de convaincre par une vision cohérente, on accuse l'adversaire d'être incapable de penser à une alternative. C'est ainsi que la gauche altermondialiste dénonce une Europe ultralibérale qui favorise le marché, la concurrence et la compétitivité des entreprises. Pour eux, le libre-échange et la mondialisation commerciale et financière incarnent la déréglementation des marchés qui ne convient pas au modèle de société envisageable. Mais les acteurs politiques et économiques, toutes tendances confondues, ont concentré leurs orientations sur le pacte de stabilité décidé par le traité de Maastricht comme le pilier de son action accordant au Conseil européen un cadre institutionnel de coopération renforcée des pays de l'Union. Selon la droite française, la pensée unique serait un consensus antilibéral défendu par les intellectuels et les médias de gauche. La dictature de la gauche concerne prioritairement les questions sociales et morales, plus particulièrement l'égalitarisme, l'assistanat, l'immigration, le système éducatif, la famille et les mœurs. La droite fustige systématiquement l'héritage intellectuel de mai 1968 et l'Etat-providence. Le politiquement correct, véhiculé par les politiques et les médias consiste à adoucir excessivement les formules oratoires qui pourraient heurter les consciences et le public. L'expression répandue en français dans le langage courant exprime la « bien-pensance » ou le conformisme qui met en place un carcan intellectuel imposant à l'opinion le renoncement au nom de l'éthique et des principes. La critique systématique est dangereuse, par sa seule force d'intimidation, et peut être accusée de dogmatisme pour ses opposants. Pourtant, dans la République, l'esprit démocratique qui dicte la tyrannie de la majorité, cité par le sociologue Raymond Boudon, se vérifie sur bien des sujets. Le politiquement correct, bienfaisant et incontestable, prend des apparences de devenir l'expression du fruit de la morale et de la tolérance pour tous. Le développement de son usage s'est fait surtout dans les années 1980, avec l'avènement de François Mitterrand.

L'école de la République exerce son influence et nous rappelle que l'on reconnaît la démocratie par la majorité la plus large possible des suffrages des citoyens. La démocratie serait donc le pire des régimes à l'exception de tous les autres. En effet, la règle du jeu du plus grand nombre nous impose la dictature du politiquement correct, se soucie peu des minorités organisées en lobbies quand elles pratiquent le communautarisme, le sectarisme ou tel particularisme idéologique, religieux ou sexuel. Ce glissement vers la majorité silencieuse s'appuie sur la caricature de la pensée pseudo-égalitariste qui s'oppose aux choix minoritaires ou marginaux. Donner le pouvoir au peuple, article 2 de la Constitution de la Ve République, son principe est le gouvernement du peuple, par le peuple et pour le peuple relève de l'inconscience tant le niveau civique, intellectuel et moral des couches populaires lobotomisées par les médias souligne le rapport de subordination entre une minorité de chefs, de dirigeants et de gouvernants, de catégories privilégiées par la naissance, la culture ou la fortune soumettant la masse de la population. Le peuple souverain n'est pas nécessairement tout le peuple, mais le volet social, économique et culturel soutenu par l'oligarchie de la caste dominante de gauche comme de droite et supposé défendre les besoins sociaux, les intérêts matériels et moraux du plus grand nombre. Cela suppose des services publics travaillant hors du cadre marchand qui œuvrent à l'intérêt général pour les plus pauvres. L'Etat socialiste met l'accent sur le peuple subordonné et soumis, adopte un mode de gouvernement libéral et autoritaire. Je n'attendais rien de François Hollande, qui a juste été élu pour chasser Nicolas Sarkozy, sauf que désormais aux manettes, incarnant un pouvoir hésitant et faible, on assiste à l'explosion des revendications des minorités sexuelles, associatives subventionnées, ethniques, culturelles et religieuses, financières et médiatiques. C'est contre elles que la révolte du peuple gronde. La probabilité d'une crise majeure est devant nous. Rendre la parole au peuple, par des référendums d'initiatives populaires, sur le plan local, régional, national ou européen et rétablir la liberté d'expression donneraient un coup d'arrêt aux dérives de ces grands lobbies, avides de reconnaissance et de subventions. La gauche française n'est plus que l'incarnation d'un mouvement minoritaire conservateur « politiquement correct » fustigeant l'extrême droite contre la défense de l'Occident et ses revendications identitaires. Sauf que cette attitude depuis plus de trente ans ne proclame pas la tolérance et ne fait qu'organiser la haine, l'aversion froide, systématique et calculée par les pouvoirs successifs et les médias des partisans du Front national et de son chef Jean-Marie Le Pen.

Pourquoi avoir diabolisé le Front national ? En 1988, les jeux de mots douteux de Jean-Marie Le Pen sur le nom de Michel Durafour, homme politique français, et sur l'holocauste ont conduit à une condamnation unanime de la classe politique et ont provoqué la diabolisation du parti. Fin 2013, le quotidien Libération sous la plume de son directeur adjoint, Sylvain Bourmeau parle de parti fasciste soutenu par des militants crétins. Cette campagne mensongère est savamment orchestrée contre tous les dirigeants de ce parti, en leur affublant malhonnêtement le titre de racistes, voire de nazis. Marine Le Pen, aujourd'hui à la tête du parti, vraisemblablement candidate à la présidentielle prochaine de 2017 a des chances de recueillir les suffrages des citoyens contre les connivences de la droite traditionnelle et de la gauche socialiste qui s'arrogent le pouvoir depuis plus de trente ans. La diabolisation politique n'a qu'un seul objectif : assurer la pérennité des deux partis politiques traditionnels enracinés dans la vie politique française.

Politique sécuritaire, nationalisme, populisme, le Front national est tombé dans le piège de la Mitterrandie pour diviser la droite. Pendant que les journalistes, les acteurs médiatiques, le show-biz s'acharnent à démontrer que ce parti est xénophobe, ils évitent soigneusement de dresser le bilan désastreux économique et social qui plonge une grande partie de la population dans la difficulté. La critique du mondialisme économique, pour retrouver la souveraineté du pays, serait profitable au peuple et le rejet du capitalisme de l'Union européenne a fait du vote contestataire favorable au Front national un véritable vote d'adhésion. La mondialisation poursuit ses sinistres ravages, et les Français comprennent enfin que le locataire de l'Élysée n'est plus qu'un gouverneur de province, soumis aux décisions prises à Bruxelles.

Diaboliser les électeurs du Front national, les chômeurs, les ouvriers, les agriculteurs, les employés, travailleurs précaires, artisans, patrons de TPE (très petites entreprises) touchés par les difficultés économiques, l'électorat de Marine Le Pen évolue et intègre les usines, les administrations, les entreprises et les campagnes. Le débat escamoté sur l'identité nationale, la laïcité menacée par la montée du communautarisme religieux, et l'affaissement économique du pays réel ne sont pas des menaces supposées, comme le prétendent les experts.

Pourquoi la nécessité d'écrire une autre histoire européenne ? Le système européen est devenu trop complexe et trop éloigné pour l'expliquer aux citoyens. Après la Seconde Guerre mondiale, construire un ensemble de pays pour unir des communautés génératrices de paix, de démocratie et de prospérité en créant un marché commun, tout cela devait apporter aux peuples de la croissance. Depuis les citoyens européens découvrent dans la douleur la crise monétaire et financière. Les plans de survie de la Grèce, l'Italie, L'Espagne, Le Portugal, l'Irlande, l'île de Malte, la Belgique et la France où le taux de chômage atteint son plus haut niveau, avec un secteur bancaire fragilisé font craindre le pire pour l'avenir de la zone euro. L'austérité des peuples a cassé la dynamique européenne. Si nous organisions un référendum sur l'adhésion à la Communauté européenne ou le renoncement, afin d'échapper aux réformes radicales, le rejet massif de l'électorat contre l'austérité dictée par l'Union européenne et le FMI, avec une forte poussée des extrémistes achèverait la crise existentielle qui a débuté avec la création de la monnaie unique. En France, le mur de la dette a mis fin aux relances keynésiennes souhaitées par le candidat Hollande, alors que les Allemands continuent de se tourner vers l'Est. « Le dîner de cons » se poursuit avec Merkel, la chancelière allemande l'a bien compris, quand elle invite à déjeuner François Hollande à Berlin. L'agonie de l'Europe a débuté mais pour combien de temps, messieurs les bureaucrates et politiques de Bruxelles ? En 2005, ignorer la forfaiture du vote des Français et des Hollandais et pratiquer la fuite idéologique en avant en refusant de renégocier les traités va conduire l'Europe sous l'effet de la concurrence commerciale à euthanasier son industrie. La remise en cause des accords de Schengen, de la libre circulation des biens et des personnes est indispensable si nous ne voulons pas être submergés par une immigration clandestine massive. Il faut avoir le courage d'écrire que la grande majorité des migrants se dirige vers la France pour son système généreux d'accueil et de protection sociale.

L'Union européenne est une construction juridique et institutionnelle d'un conglomérat de pays membres qui s'affrontent de façon brutale et déloyale dans une concurrence féroce. La réponse du comité Valmy à la question de Michel Rogalski, éditorialiste de « Recherches internationales » sur l'Union européenne est une dictature supranationale aux mains de l'oligarchie germano-américaine non réformable, source de guerres ou de régression sociale généralisée.

Il est urgent de se libérer de ce carcan actuel en rétablissant la souveraineté populaire, l'indépendance nationale et la démocratie. Une fois libérés, les peuples pourront construire de nouveau leur avenir.

A quand un management moderne pour les entreprises publiques ?

La fonction publique française et les personnels d'organismes privés assurant des missions de service public financées par l'Etat, comme les personnels de l'enseignement privé sous contrat ou des hôpitaux privés sous dotation globale doivent regrouper approximativement plus de 7 millions de personnes. La réduction du nombre de fonctionnaires dans les ministères est un enjeu incontournable pour alléger les finances publiques. Mais avant ce grand chambardement, le nouveau défi du management public pour valoriser les agents et moderniser l'Etat en rationalisant les coûts de gestion, c'est faire adhérer les fonctionnaires à une nouvelle organisation et satisfaire les usagers de plus en plus exigeants suppose l'émergence d'une culture de résultat. La conduite du changement passe par le management de projets et la direction d'objectifs. La gestion des compétences devra s'articuler avec les entretiens d'évaluation afin d'appréhender la gestion des carrières et la formation. Les freins culturels propres à la fonction publique sont les défis à relever pour les managers en période de crise économique et de réduction budgétaire. Ils doivent être les garants de l'engagement de performance de chaque agent en veillant à piloter les changements de l'équipe en adoptant une posture nouvelle de leader. Donner du sens, instaurer la confiance, favoriser le bien-être dans les services et au travail et développer l'assertivité de chacun sont les sources de motivation des équipes de collaborateurs. Les conditions réunies pour motiver ses agents et collègues sont d'identifier ses nouvelles pratiques managériales afin de développer la capacité de chacun, de gagner en sérénité et en efficacité. Les modèles d'exploration tels que le MBTI (Myers Briggs type indicator), la Process communication, ou encore l'analyse transactionnelle sont des outils d'évaluation psychologique et d'optimisation de ressources humaines qui peuvent s'avérer une aide précieuse pour aborder les problèmes de management et les relations interpersonnelles.

Quels sont les besoins individuels et professionnels de chaque agent ? Qu'est-ce qui peut freiner la motivation et les conditions d'engagement ? Créer de la confiance et impulser une dynamique positive et constructive sont les clés du management pour dynamiser le personnel.

Les administrations publiques de l'Etat et les collectivités territoriales et locales relevant du secteur public peuvent être assurées par le secteur privé par délégation comme la distribution et le traitement de l'eau ou encore le traitement des déchets. L'exception culturelle en France s'exerce lorsque le secteur public se voit confier généralement le monopole marchand dans les paris hippiques ou encore la production d'électricité. La fiscalité du secteur public, et les subventions publiques permettent à ses acteurs de proposer des tarifs réglementés supposés être en dessous des prix du marché. Les conséquences économiques conduisent indirectement à instaurer de fait un monopole d'État. La notion de service public et la crainte de sa remise en cause sont des thèmes récurrents. Revoir le mode d'organisation consiste à remettre en cause le rôle de l'Etat, des collectivités territoriales, des établissements publics ou privés sous contrôle de la puissance publique. La nécessité de répondre aux besoins d'intérêt général, d'égalité de tous devant le service public signifie que chaque citoyen a un droit inaliénable de bénéficier de cet accès. Le périmètre du secteur public constitué par des entreprises publiques dont l'Etat détient plus de 50% du capital a beaucoup évolué depuis les trente dernières années, sous l'influence des alternances politiques, des nationalisations ou privatisations successives. Néanmoins le secteur public demeure un outil politique dans les mains de l'exécutif français. A partir de 1936, la première vague de nationalisations avait été lancée sous le Front populaire, le principe consistait à transférer la propriété d'une entreprise à la collectivité, contre une indemnisation des actionnaires. La Société nationale des chemins de fer créée le 1er janvier 1938 sous l'impulsion du gouvernement de l'Union de la gauche, dont les sociétés gérantes avaient été mises à mal par la crise de 1929, s'engage dans une politique dirigiste. Le Conseil national de la résistance, sous influence des communistes, adopte le retour aux grands moyens de production sous le contrôle de l'Etat, les sources d'énergie, les richesses du sous-sol, les compagnies d'assurance et des grandes banques, la société Renault, transformée en régie nationale, son dirigeant jugé trop engagé dans la collaboration avec l'ennemi. C'est ainsi qu'ont été nationalisés les industries du gaz et de l'électricité, et les charbonnages de France. L'arrivée de la gauche au pouvoir en 1981 met en œuvre un programme politique interventionniste précisément par de nouvelles nationalisations représentant un secteur public comprenant plus de 3000 entreprises et employant près de 2 millions de personnes. La première cohabitation de 1986-1988 propose un programme économique inspiré des modèles reaganien et thatchérien de mise en œuvre des privatisations qui auraient dû profondément modifier la physionomie du secteur économique français. De nombreuses ouvertures partielles du capital dans le secteur industriel, dans la banque et l'assurance, les transports, et les télécommunications ont abouti à leur privatisation. L'Etat continue de céder certaines de ses participations qui fournissent des ressources budgétaires ponctuelles dans ce contexte de surendettement.

Comprendre la relation de subordination de l'administration et de l'Etat est un équilibre subtil qui permet aux fonctionnaires d'exercer leur mission en toute autonomie sans être soumis à des pressions excessives. En raison de son histoire, la question de la fonction publique demeure une question sensible. En effet, la période du régime de Vichy pose toujours d'une manière obsessionnelle la question du devoir de désobéissance des fonctionnaires.

Les dispositions protectrices des fonctionnaires concernent leur statut, l'avancement d'échelon dans un grade qui détermine leur niveau de rémunération a conduit à une lente mais progressive augmentation de la grille des salaires. Le dernier rapport sur « l'évolution de la fonction publique » des privilégiés du régime socialiste est une véritable insulte pour les salariés du privé soumis aux aléas économiques de plans sociaux et de la mondialisation de l'économie. Les dispositifs de sécurité d'emploi et de carrière des fonctionnaires comme le chantait Jean Ferrat pourront leur permettre sans trop de soucis d'attendre « que l'heure de la retraite sonne ». L'Allemagne, la Grande-Bretagne, l'Autriche, la Suède ont un nombre de fonctionnaires bien moins pléthorique. On sait que la gauche fera diversion, sans risquer de remettre en cause le statut de la fonction publique pour des raisons purement électoralistes. Les grands principes, le cadre adapté à l'exigence de neutralité et d'indépendance des agents n'empêcheront pas la guerre public-privé. La question des retraites est un terrain explosif qui doit guider la réflexion de « l'abolition des privilèges ». La retraite du privé est basée sur les 25 meilleures années, alors que celle du public se calcule sur les 6 derniers mois. Le résultat est que la moyenne des retraites du secteur public est sensiblement supérieure à celle du privé, prix à payer pour la garantie de l'emploi sans doute. On néglige souvent d'autres inégalités des régimes spéciaux de fonctionnaires de cotisations, de la durée du travail hebdomadaire, et de la précocité de l'âge de la retraite. L'âge légal de départ en retraite, sous la pression de la dette publique et de la faillite des régimes qui s'annonce, et de la revendication du MEDEF, sera sans doute rallongé à 68 ans avant 2020.

La direction par objectifs, et le pilotage de l'action collective au sein de la fonction publique doivent s'appuyer sur les enjeux d'optimisation et d'harmonisation dans le respect de l'intérêt général pour tous. La recherche de cohérence et la responsabilisation de tous les agents concernent le savoir-faire et les compétences pour le maintien d'une bonne organisation. Dans une optique moderne, la production du service est conditionnée par du marketing, de la logistique, de l'organisation par la gestion de la qualité, d'un système d'information, de la meilleure gestion des ressources humaines et de la finance. Les pratiques managériales sont relativement récentes dans la fonction publique, mais supposent une coordination des fonctions et des personnes qui remplissent leurs tâches ou leurs missions afin d'atteindre les objectifs. La palette des compétences essentielles à savoir, prévoir, organiser, communiquer, commander, coordonner et contrôler n'échappe pas aux compétences fondamentales du manager. Le management moderne s'intéresse davantage aux problématiques concrètes de motivation du personnel, et réunit la gestion des ressources humaines et de l'organisation du service. Analyser les forces et les faiblesses du service public revient à réorienter des options possibles de choix stratégiques plus opérationnels, dans le respect des affectations budgétaires. L'atteinte des objectifs délimite les pouvoirs et responsabilités de chacun et permet de choisir les moyens et les méthodes appropriées. Le leadership consiste à diriger les employés chargés d'exécuter le travail, et faire progresser le service en exerçant une influence positive sur la formation, la communication et la motivation nécessaires pour stimuler ses subordonnés. Les qualités essentielles du manager reposent sur sa perspicacité créative, sa capacité à développer une vision en ménageant la susceptibilité de certains, à imaginer une organisation pour répondre aux besoins futurs des usagers, à amener ses agents à se concentrer sur un objectif, à canaliser les énergies et les ressources et enfin à adopter une attitude souple mais opiniâtre. Mesurer les progrès accomplis selon des plans d'action établis, et déceler les écarts en apportant les correctifs seront les composantes internes relatives à la gestion de la qualité du service et de l'organisation.

La France, patrie de la grève

Manifestations, blocages, débrayages, tournantes, prises d'otages tous les moyens sont bons pour pénaliser les entreprises et les patrons. Dans un contexte économique de crise, la grève existe toujours, comme une tradition nationale française des syndicats de défendre les intérêts de ceux qui n'ont rien demandé. C'est entendu, le droit de grève doit figurer dans le Code du travail, afin de prendre le pays en otage. Le pays du syndicalisme révolutionnaire, de la grève générale, et des grandes fièvres sociales, la confrontation permanente est la marque de fabrique des rapports sociaux. La France aime se donner en spectacle, et reconnaît les conflits du travail du monde ouvrier contre les patrons. Les mobilisations ouvrières sont animées pour renverser le capitalisme et ceux qui l'exploitent. Aujourd'hui, il faut préciser que les socialistes sont en phase avec l'internationalisme ouvrier qui déclare que c'est un devoir pour les travailleurs de protester contre le patronat par une agitation incessante dans les entreprises. La Confédération générale du travail (CGT), en tant qu'organisation prolétarienne regroupe la plus grande partie de la masse du prolétariat et constitue principalement une véritable force dans le secteur public avec sa capacité de nuisance. L'état d'esprit de la CGT met l'accent sur la mobilisation des ouvriers pour changer la lutte des classes en révolution prolétarienne. Descendre dans la rue, tenir une grève illimitée, se mobiliser envers et contre tout a construit notre histoire sociale tumultueuse depuis 1789. La lutte plutôt que la négociation est devenue une spécificité française. Cette culture du rapport social, c'est « l'âme révolutionnaire » des Français, nous expliquent des historiens, les combats des ouvriers demeurant un préalable à la négociation avec les patrons. La rue, le lieu d'expression du peuple fabrique des montées de fièvre qui embrasent tous les secteurs professionnels et sociaux de manière récurrente. Il est curieux de constater que la France a le plus bas taux de syndicalisation des pays développés qui nourrit toujours ce mythe vivace de la révolution prolétarienne.

Aujourd'hui ceux qui manifestent se révoltent contre les injustices sociales grandissantes. Depuis 2010, les quelques perturbations du trafic ferroviaire nous indiquent que les syndicats sont tétanisés par la crise, ou alors démontrent l'habilité des pouvoirs publics et de l'Etat pour acheter la paix sociale, mais à quel prix pour les contribuables ? Des mouvements de grève éparpillés et localisés, une poignée de manifestants à peine audibles, les pratiques revendicatives auraient-elles évolué favorablement ? État, patronat, syndicat sont-ils encore capables d'aboutir à des compromis, signes d'encouragement ?

Les grèves des ouvriers dans les manufactures pour protester contre les mauvaises conditions de travail, les salaires bas et les maladies professionnelles risquent de favoriser les actionnaires à la délocalisation d'entreprises dans des pays à faible coût, sans revendications et avec une appétence du développement. Les transferts d'activités, de capitaux et d'emplois dans les pays du monde offrant un avantage compétitif avec une main-d' œuvre peu coûteuse, et une fiscalité moins élevée sans réglementations sociales et environnementales exigeantes sont des critères retenus pour créer des synergies économiques et technologiques dans ces pays, ce qui est synonyme d'augmentation du chômage et de dumping social pour notre vieux continent. C'est pourquoi les investissements à l'étranger, ou les prises de participation dans de nombreuses filiales signifient la fermeture de nos usines, et les délocalisations industrielles. Accroître la compétitivité des entreprises en abaissant le coût du travail permettra d'éviter de générer des licenciements. En effet, quand un constructeur automobile se délocalise, il licencie non seulement ses emplois directs mais il supprime également des milliers d'emplois sur le territoire national de ses fournisseurs ou sous-traitants.

Les conséquences positives de la délocalisation bénéficient en particulier pour les pays émergents, qui augmentent leur niveau de vie et leur développement économique. Point de vue contestable, certains politiques y voient une avancée progressive vers la démocratie ! La liste des ennemis communs du détachement de travailleurs ne cesse de s'allonger et se diversifier, conforme aux directives européennes autorisant une entreprise à détacher temporairement des salariés sur un marché public ou privé. Les syndicats ouvriers ou patronaux sont sur la même longueur d'onde pour éviter la destruction massive de l'emploi dans le bâtiment ou l'agriculture qui risque de s'amplifier.

Lutter contre les délocalisations fiscales et leurs inévitables conséquences socio-économiques suppose pour nos gouvernants, toutes tendances confondues, qu'ils adoptent des mesures de fiscalité et d'impôts équitables pour les PME-PMI favorisant la compétition des entreprises.

Le montage des plans sociaux échappe aux regards des syndicats participant à la paupérisation des salariés qui subissent un stress permanent conduisant parfois certains aux suicides. La réduction drastique des effectifs conduit de nombreuses entreprises à externaliser des tâches pour une recherche de rentabilité maximale.

Comment dans ce contexte redonner du pouvoir aux partenaires sociaux, syndicats d'employeurs et de salariés qui manquent tant d'efficacité, tant le dialogue social est devenu stérile ? La sécurisation des parcours professionnels pour les plus précaires, la qualité de la vie au travail et l'égalité professionnelle, les mesures de justice corrigeant les inégalités vis-à-vis des retraites devraient être défendues par les élus d'entreprise ou de l'administration, délégués du personnel, élus de comité d'entreprise ou des CHSCT (Comité d'hygiène, de sécurité et des conditions de travail). La recherche du compromis est l'un des moteurs du syndicalisme, mais le bilan des négociations collectives orchestrées par les centrales syndicales, proches du gouvernement de gauche pour le collège des salariés, indique qu'elles tirent très largement leurs moyens de subsistance de subventions publiques, et sont soumises aux dérives et à la trahison. Dans les grands comités d'entreprises publiques comme la SNCF, la RATP, EDF, ou Air France on constate chaque année que des centaines de millions d'euros leur sont attribués.

Beaucoup de sources de financement des syndicats sont alimentées par des organismes paritaires comme le 1% logement, la Sécurité sociale, ou la formation professionnelle. Le respect du droit au travail et des acquis sociaux, à l'heure où la baisse du pouvoir d'achat, l'inexorable hausse du chômage de masse et de l'accroissement de la pauvreté sévissent dans l'Hexagone, la liberté de travailler le dimanche semble être le dernier enjeu du dialogue stérile entre les partenaires sociaux et l'État.

Si les revendications professionnelles déclenchent des mouvements de grève qui hypothèquent les organisations des entreprises, les grévistes occupant les locaux entravant la liberté du travail des non-grévistes, les menaces, la rétention de dirigeants, les violences ou les dégradations peuvent être considérés comme une rupture de contrat et faire l'objet de licenciement pour faute lourde. La grève générale interprofessionnelle de grande ampleur touchant tous les travailleurs du pays, étendue dans toutes les communes de France, sera l'annonce de l'insurrection du peuple contre les patrons, nos élus nationaux, régionaux, départementaux et locaux. En effet, la cessation de toute activité productive de longue durée conduira inévitablement au déclin et à l'effondrement du capitalisme. En refusant d'accepter le mépris des plans sociaux, le déshonneur de salaires indécents, la soumission au droit du travail et le mensonge de nos élites, le mythe révolutionnaire tant de fois espéré pour de nombreux militants, représentera la mort de la social-démocratie. Le changement tant promis et répété par Hollande ne sera pas au rendez-vous. Le chômage de masse, la précarité, les faillites d'entreprises en cascade sont sans doute les prémices pour forcer le pouvoir à la démission. Des milliers de manifestants organisés avec des mots d'ordre ciblés réclamant la démission du président « normal » et de son gouvernement sont en marche.

CHAPITRE V

Avant le Chaos

Si la guerre civile approche

Comment les promesses de nos politiques ont fini par se fracasser sur le mur des réalités ? Le dernier gouvernement de salut national capitule laissant Paris et le pays dans un bain de sang sous un monceau de ruines. Nous sommes en 2020, des bandes de forçats échappés des prisons, de nombreux jeunes issus des quartiers des chômeurs et ayants droit sociaux en pleine révolte contre la société, contre la famille, la religion et la propriété pillent, violent et perpétuent des massacres contre la population. Depuis de longues semaines, la Chambre des députés tente de sauver la France de la ruine imminente. Le pays est fracturé de communautés qui ne se reconnaissent plus appartenir à la nation. Le parti de l'ordre continue de fuir la scène politique en factions rivales et conspire pour écraser la révolte du peuple. Les troupes françaises et les forces de l'ordre protègent les édifices publics, les médias, les associations, la bourgeoisie. Le pays est en armes et a pris d'assaut les préfectures et les édifices publics. Malgré les nombreuses tentatives de diviser le mouvement insurrectionnel, les élus paniqués sont emprisonnés avant d'être jugés, condamnés et exécutés. L'erreur politique majeure de nos gouvernants était de croire qu'ils avaient été portés au pouvoir par un vote populaire d'adhésion. Enfermés dans le politiquement correct mortifère, ils sont honnis par la classe moyenne, ceux qui ne peuvent plus payer leurs impôts, et les exclus du régime qui étouffent par la disparition de l'Etat-providence. Ils ne supportent plus d'être gouvernés par une caste pléthorique de hauts fonctionnaires arrogants et prétentieux de certitudes. L'austérité décidée par Bruxelles est à l'origine de ce ras-le-bol révolutionnaire, la montée du rejet fiscal, du chômage, des tensions sociales, de la délinquance et des vols. De plus, les tensions interethniques sur fond de rejet de l'islam fracturent profondément la communauté nationale. Le pays est désormais brisé, cassé avec des dirigeants totalement dépassés qui prennent pour la plupart la fuite à l'étranger. La révolution est en marche. Quand la France, deuxième puissance européenne craque, c'est tout l'édifice européen qui s'écroule, et c'est exactement ce qu'attendent les Allemands qui rêvent de regagner leur Deutsche Mark et leur liberté. Les élites françaises somment la communauté internationale de recourir à la force en excluant l'envoi des troupes au sol, afin d'éviter les massacres. Les milliards de dette cachée par la Chambre des députés, le Sénat et la Cour des comptes ont eu raison de la démocratie. Malgré les avertissements maintes fois répétés, les dérives du pouvoir sont à l'origine de la crise économique, sociale et morale du régime au bord de l'implosion. Tous les ingrédients sont réunis pour abattre le régime actuel de la Ve République qui s'effondre. La crise de l'euro, des dépenses publiques exorbitantes, des prix à la consommation flambent et aggravent la crise économique. Depuis la dernière guerre mondiale, l'Etat vivait à crédit et distribuait des « rentes » à ses hauts fonctionnaires et ses militaires, de plus en plus nombreux, accumulant ainsi des privilèges.

Le pouvoir se délite et annonce le cauchemar du scénario d'une guerre civile sanglante et durable aux mains de groupes de terroristes et d'enragés qui subissent des frappes aériennes, mais qui reviennent continuellement à l'offensive contre tous ceux qui ont occupé depuis les trente dernières années un poste ou une fonction élective dans l'organisation de la société. La réalité sur le terrain est effrayante, l'activité de toutes les entreprises est en chute libre, la consommation est à l'arrêt, plus de financement bancaire, plus d'investisseurs de capitaux en bourse partis à l'étranger. La France, bombe à retardement au cœur de l'Europe, vient d'exploser faute d'avoir été en capacité de réformer son marché du travail, la réglementation excessive de son économie, le poids des impôts, les charges pesant sur les salaires, la croissance nulle, le taux de chômage des jeunes et des seniors et le déficit du commerce extérieur. L'effondrement des emplois, en effet, la France a perdu la plupart de ses usines, le climat des affaires au plus bas, le déni de réalité des politiques, tous les organismes publics menacés, et la récession durable accentuent indubitablement les difficultés pour appréhender un éventuel rebondissement. Depuis quarante ans, la machine infernale est enclenchée contre cette France impardonnable qui a ignoré la discipline budgétaire noyée dans de longs discours stériles et contradictoires de politiciens entre la gauche et la droite qui n'ont pas pu éviter la ruine du pays. Avec la complicité des médias, laissant les hommes et les femmes dans l'ignorance, le mondialisme financier et industriel du cartel bancaire et les 500 grandes familles qui dominent l'économie française ont tiré profit de la situation sans pouvoir empêcher que la faillite du pays sous le poids de ses déficits colossaux ne s'écroule. Le gouffre financier a marqué les livres de comptes du pays qui n'a cessé d'emprunter, victime de l'internationalisme financier ravageur au détriment du peuple.

L'immigration, la question à ne pas poser

Contrairement à ce qu'affirmait la caste politico - médiatique, l'immigration coûte cher aux contribuables français, n'en déplaise aux économistes de gauche, et représente un poids financier devenu insupportable pour tous les gouvernements qui soulignent la surreprésentation des immigrés au RSA, chômage, bénéficiant de la protection sociale généreuse en matière de logement et de rapprochement des familles et d'acquisition de droits à la retraite. Il est regrettable que le débat sur le sujet des dépenses de prestations sociales de la santé, ou de l'éducation ait été toujours sous-évalué, voire stigmatisé. Est-ce que l'immigration est encore nécessaire à l'économie française, une chance pour la France ? Les données statistiques sur la présence de l'immigration en France écartent obligatoirement les calculs des descendants de la deuxième génération et le flux des clandestins. Si les immigrés ont davantage recours aux transferts sociaux, aides aux logements, allocations chômage et aides à la famille, il serait malhonnête de le nier, alors pourquoi aucun argument économique ne s'oppose à la politique migratoire ? Dès que la question de l'immigration est posée de bonne foi dans l'Hexagone, les intéressés sont immédiatement suspectés d'ignorance, au pire de racisme. La vieille technique issue du gauchisme de diaboliser l'adversaire s'opère et occulte les conséquences de cette politique aberrante menée depuis quarante ans. Dans les années 1960, il ne faut pas oublier que le grand patronat a trouvé dans l'immigration une masse de main-d'œuvre qui permettait de moduler les salaires de la classe ouvrière vers le bas. Depuis, tous les gouvernements de gauche et de droite ont voulu ignorer le déficit budgétaire afin de développer l'ouverture pour assurer la paix sociale.

Aujourd'hui, la patrie est en danger, et il nous faut sonner l'alarme par un coup d'arrêt définitif de l'immigration en provenance du Maghreb et de l'Afrique par une suppression pure et simple des prestations sociales versées aux étrangers, d'envisager sérieusement un coup de frein au regroupement familial, rétablir les contrôles aux frontières et revenir sur les accords de Schengen. Dans cette société malade du vivre-ensemble, l'immigration n'est pas le bouc émissaire responsable de tous les maux. Sans parti pris, ni idéologie, la querelle sur le nombre d'étrangers et de clandestins fait rage. Avec une recrudescence des actes racistes, l'immigration subie malgré la remise de nombreux rapports partisans et d'enquêtes successives sur la réforme du droit d'asile, l'organisation des structures d'accueil des étrangers, l'attribution des visas, l'accompagnement des étrangers malades, l'intégration est un échec global patent qui fait ressurgir le débat sur l'identité nationale. La dynamique d'échange de l'intégration se définit par une pleine adhésion des immigrés à la société française, l'expression de son identité et de ses spécificités socioculturelles. Dans ce processus d'assimilation, l'obtention de la nationalité française devrait être conçue comme un engagement capital respectueux des règles de fonctionnement aux valeurs de la communauté d'accueil.

L'étranger garde son identité d'origine, exprime ses spécificités culturelles dans la sphère privée, n'est pas considéré comme un obstacle à son intégration.

Le langage de vérité sur l'intégration est au centre de l'échiquier politique depuis trente ans, instrumentalisé par tous les partis, ressurgit à chaque comportement antisocial dans nos quartiers dits « sensibles » qui se multiplient chaque année plus nombreux met en échec la cohésion nationale. Les clés pour comprendre la société française d'aujourd'hui sont dans la recherche de solutions capables de donner aux enfants issus de l'immigration le désir d'être Français dans le respect de sa langue, de son histoire et de son héritage culturel. Nier l'échec de l'intégration, notamment de l'immigration africaine est un bilan désastreux des hypocrisies de la classe politique française. Ce constat lucide et alarmant livré sans passion aux maires des communes concernées par la forte concentration d'immigrés montre à quel point la situation est au bord de l'explosion. Malgré le politiquement correct, l'échec scolaire qui touche majoritairement les enfants issus de l'immigration dès l'école primaire, qui a obligé les enseignants à adapter leurs méthodes d'enseignement jusqu'à l'obtention d'un emploi, dans une période de chômage de masse, est l'un des mécanismes qui a entraîné prioritairement l'échec de l'intégration. Près de 30% des jeunes, issus de l'immigration sont en échec scolaire et relégués dans les quartiers où la violence et les frustrations dominent. Il faut agir, ne nous leurrons pas sans quoi le pire à coup sûr est devant nous, si nous voulons éviter une guerre civile contre ces immigrés marginalisés qui errent aux portes de nos villes, et ne veulent plus s'insérer dans la société. Démission des élites, double langage, dictature du politiquement correct : on cache depuis trop longtemps la vérité aux Français de l'ampleur des dégâts. Le temps d'une politique courageuse et cohérente est urgent pour réhabiliter notre culture, notre identité, nos racines et nos valeurs fondamentales, les principes de notre tradition républicaine. La décolonisation, la construction européenne, la mondialisation et l'avènement du libre-échange ont laminé l'idée de nation. La pensée unique politicienne, sous la pression des associations communautaristes partisanes, paralyse toute initiative en matière d'immigration.

Plus on dénonce les mensonges des élites orchestrés par les médias, plus elles s'arc-boutent et stigmatisent les Français de racisme et de discrimination. Tout immigré doit puiser en lui le courage et la détermination de s'insérer dans la société française, c'est-à-dire d'accepter les normes collectives, ce qui permettra d'en finir avec la sempiternelle repentance. La stagnation de notre démographie et l'importance des flux migratoires, des difficultés de la France d'intégrer les nouveaux entrants participent à l'effacement de l'esprit national, sous l'influence d'un humanisme bon teint, enkysté dans un conformisme totalitaire. Hypothéquer l'avenir de la nation française par des afflux permanents de clandestins, sans esquiver les regroupements familiaux, les mariages mixtes, c'est ouvrir grandes les portes dans les quartiers des collectivités territoriales de toutes nos régions aux aberrations de la politique européenne destinée à attirer des ressortissants de pays tiers. Il y a donc partage des responsabilités entre la gauche et la droite pour retrouver enfin, avant qu'il ne soit trop tard, le chemin de la raison.

Le tropisme des populations pauvres pour les pays supposés riches ne doit pas être inéluctable. Afin d'éviter le divorce du peuple français d'avec les immigrés nos élites vont être obligées d'amorcer une marche arrière indispensable. L'art de la prospective est particulièrement difficile, mais il est probable que la France soit confrontée à des risques majeurs de conflits interethniques.

La mondialisation, un processus irréversible

La mondialisation forge notre environnement économique depuis plusieurs décennies, participe à l'élargissement et à l'approfondissement de la construction européenne. Pour la France, saisir les opportunités de croissance par une meilleure coopération entre l'enseignement supérieur, la recherche et le développement de l'entreprise sera la tendance du meilleur scénario afin d'éviter une position défensive de dégradation. L'intervention de l'État se recentrant sur ses fonctions régaliennes, une baisse des prélèvements obligatoires, et une diminution des dépenses publiques seront les leviers générateurs d'un courant libéral de croissance profitable. Au fil de l'eau, les risques de marginalisation, d'appauvrissement et de tensions sociales d'une partie de la population non qualifiée vont faire bouger les lignes contre ce nouvel esprit entrepreneurial compatible avec la croissance mondiale. Des réflexes de protectionnisme et de repli accompagnent des disparités fortes entre les différentes régions du monde. La concurrence des pays émergents dotés d'une démographie galopante illustre parfaitement la différence de la pyramide des âges. Le vieillissement des pays développés aura des répercussions importantes sur l'économie mondiale et sur l'économie française en particulier. En effet, l'Afrique subsaharienne, pour sortir de la misère, frappe toujours à la porte de l'Europe, et l'accroissement des migrations vers le nord pourrait être lourd de conséquences. S'agissant de l'environnement international, quand on évoque la croissance du Brésil, de la Russie, de l'Inde et de la Chine les marchés boursiers émergents, pour rester dans la course et financer leur développement économique, pourraient faire craindre des taux d'endettement financiers conséquents.

La demande d'énergie demeurera-t-elle aussi importante pour répondre aux besoins de la croissance économique de tous les pays ? Ne faut-il craindre une défaillance de l'offre des pays producteurs de ressources de gaz, de pétrole et de charbon ? Un prix du pétrole trop élevé aurait des répercussions sur les produits alimentaires qui verraient leurs prix flamber engendrant des pénuries, voire des famines. Ces perspectives énergétiques font naître l'idée d'une augmentation sensible des émissions de CO2 imputables aux taux de croissance des émissions brutes de gaz à effet de serre, principale source de pollution, ne répondant pas aux exigences environnementales. Dans les pays développés, l'attention portée à la sécurité des citoyens et l'anticipation des risques doivent devenir la règle. Les risques climatiques auxquels les pays industrialisés sont confrontés amèneront une prise de conscience des populations sur la gestion des déchets, un problème épineux pour les années à venir. Le développement durable est une chance exceptionnelle, si tous les défis de recyclage, de retraitement, d'économie d'énergie sont porteurs de réponses innovantes et profitables.

Pour la France, le scénario incontournable est d'accroître son effort sur l'innovation et l'enseignement supérieur, tout en changeant son modèle de financement public. L'incapacité de réformes empêcherait la libération nécessaire des énergies créatives productrices pour affronter les évolutions planétaires. Les atouts français peuvent s'épanouir par la création d'entreprises, et le développement de PME-PMI exportatrices pour pérenniser une croissance à long terme. Le nombre de chercheurs et le rythme des échanges scientifiques doivent être sans commune mesure avec le passé pour répondre aux exigences qui pèsent sur le développement des entreprises. Augmenter la production suppose de mobiliser plus de temps au travail afin d'améliorer le pouvoir d'achat, et financer les transferts sociaux à terme. Les obstacles à l'innovation et au développement de l'activité sont liés aux nombreuses réglementations qui entravent le bon fonctionnement du marché du travail, des biens et des personnes en décourageant l'entrepreneuriat. Les financements publics devraient se concentrer sur l'accompagnement de ces réformes. Le nouveau système éducatif, moins prisonnier de son modèle historique de formation de ses élites et de la culture du diplôme comptera sur des individus débrouillards et imaginatifs, capables de réagir aux fluctuations des marchés. Le taux de chômage risque de demeurer élevé pour les jeunes ou les seniors difficilement employables faute de maîtriser les nouvelles technologies de l'information et de la communication pour trouver un emploi. Le manque de personnes qualifiées dans de nombreux secteurs économiques, santé, informatique, enseignement et recherche deviendra le principal facteur limitant les capacités du pays pour lutter contre la concurrence. La formation continue et les dépenses d'enseignement supérieur renforceront la coopération entre les universités françaises et européennes, les pôles de compétitivité vont dans ce sens. Innovation, compétitivité et territoires défendent l'idée que la capacité d'innovation d'un pays se situe dans ses principales régions ou métropoles. La réussite passe par une gouvernance territoriale cohérente, une confiance poussée dans les ressorts du marché, un tissu abondant d'entreprises innovantes avec des méthodes de management et de performances d'objectifs favorables à la croissance d'entreprises technologiques. L'encouragement de l'esprit entrepreneurial et le développement des capacités managériales expliquent que la troisième révolution industrielle du numérique est au cœur de cette dynamique.

Si les pertes françaises dans l'industrie manufacturière se multiplient dans l'industrie aéronautique, la chimie, la pharmacie et l'automobile et si nous n'arrivons pas à restructurer les services informatiques, le nucléaire, les télécommunications, et le transport, nous allons rater le virage du prochain marché mondial des industries liées à l'environnement et à l'écologie. Nos deux postes budgétaires excédentaires actuellement sont le tourisme, et l'agroalimentaire menacé par le démantèlement de la PAC. Ils ne seront pas suffisants si l'on veut assurer une croissance de l'emploi vigoureuse. Les Français doivent se préparer à travailler dans une économie de services et de la connaissance, dont certains de ses emplois seront à très forte valeur ajoutée. Les sociétés pour une meilleure croissance, les gazelles de 20 à 500 salariés dont le poids des charges sociales devra être allégé et l'accès au crédit facilité seront le fer de lance de la rentabilité économique des entreprises françaises.

Pourtant, le traité de Maastricht impose au secteur public des limites en matière de déficit budgétaire. Malgré cela, dans l'Hexagone, les dépenses publiques et la place de l'Etat ne convergent pas vers une modernisation rapide afin de réduire les dépenses financées par plus d'impôts et d'endettement. La modernisation de la fonction publique passe obligatoirement par la réduction de ses effectifs. La dérive des dépenses publiques montre à l'évidence que la courbe des prélèvements obligatoires n'a cessé de croître. Réduire le nombre de fonctionnaires, et surtout développer une culture de la performance de l'administration publique pourraient être améliorés, tant notre appareil administratif est lourd et coûteux. L'enjeu pour l'Etat est aujourd'hui dans cette situation de forte contrainte financière de redéfinir son rôle. Le désengagement de l'Etat de la sphère économique ne peut que renforcer la capacité concurrentielle des entreprises. Les leviers de la croissance française nous obligent à faire le point également sur les dépenses de santé et de pensions induites par le vieillissement de la population.

Les Gaulois sont-ils plus pessimistes que nos voisins ? La schizophrénie française reste un frein aux réformes, tiraillée entre l'économie du libre-échange et le protectionnisme, des partisans de l'emploi à vie et des avantages acquis, générateurs de rigidité. Aucune évolution notoire ne sera possible dans cet écartèlement idéologique. Lorsque l'on évoque les inégalités, on feint de croire que l'on veut donner la priorité à une société plus juste face à la montée du communautarisme social ou religieux, mais aussi des corporatismes. Dans ce phénomène de globalisation, comment les jeunes générations pourront-elles s'inscrire dans un projet collectif ? Le modèle français est vraisemblablement à voir comme un handicap, si le sentiment d'appartenance à la collectivité nationale ne lutte pas efficacement contre l'échec de l'intégration des populations immigrées étrangères, et leur trop forte concentration dans nos mégalopoles renforçant les ségrégations urbaines et scolaires. Cette distance, liée à des concentrations de territoires avec un taux de chômage supérieur dans ces zones urbaines sensibles, évoque le rôle de la formation, du recrutement universitaire et du logement social.

Dans ce contexte actuel, les inégalités inévitables résultent principalement des difficultés d'accès à l'emploi par un coût du travail élevé. Repenser le rapport temps, revenu et emploi pose la question de la réglementation excessive en France pour éviter le décrochage et la paupérisation qui menace à court terme la protection sociale, et au-delà la cohésion nationale. Si le processus de réformes n'est pas compris par les partenaires sociaux, l'immobilisme ou les réformes inadaptées mettront à mal les mutations sociales et économiques avec des risques majeurs de conflits. A l'horizon de 15 ans, les nouveaux comportements qu'adopteront les jeunes générations demanderont plus d'autonomie, manifesteront des attitudes plus entrepreneuriales, moins attachées à leur entreprise et plus mobiles professionnellement.

La France sera-t-elle encore apte à choisir sa stratégie en Europe confrontée à une forte concurrence mondiale ? On peut imaginer que le pays trouvera sa place dans un bloc méditerranéen de pays du Sud s'éloignant de la zone euro. La stratégie de Lisbonne pour la croissance, la compétitivité et l'emploi, lancée en 2005 n'a pas été retenue par nos dirigeants et le peuple français. Actuellement l'Union poursuit cette stratégie et essaie d'avancer sur des chantiers politiques comme l'énergie et l'immigration, laissant la France sans refondation en proie à ses doutes et ses conflits intérieurs. Les citoyens sont dans l'attente d'une prise en compte du modèle français, de l'exception culturelle prenant en compte les facteurs sociaux, alors que l'harmonisation fiscale sur le capital et la réforme du cadre de gouvernance des entreprises seraient d'un bien meilleur bénéfice. L'innovation et la productivité doivent aller de pair. La résistance des Etats- nations repose sur la défense des rentes de situations et d'intérêts corporatistes. Dans l'Hexagone, le choix de la protection des consommateurs, l'accessibilité aux services d'intérêt général, au droit au travail et à la Sécurité sociale ne doivent pas dériver vers un capitalisme patrimonial. Le non-respect du pacte de stabilité et de croissance connaît ses limites, explique les problèmes de l'organisation politique de la zone euro, devenu un frein à l'accélération de l'intégration communautaire, provoquant la fragmentation de l'Union qui ne peut que s'aggraver.

Face à toutes les incertitudes, la France a besoin de consolider avant tout son industrie et développer ses régions, avant de se heurter aux déséquilibres financiers et à sa dette abyssale. Le ralentissement durable de la croissance peut s'inscrire prochainement dans un désengagement du cadre européen pour retrouver son autonomie et sa monnaie. La prédiction d'une rupture possible pèse si notre pays ne retrouve pas, malgré ses atouts, une économie prospère. Le scénario sur son incapacité à se réformer, et l'attachement au modèle socio-économique du passé rendent chaotique la vision d'avenir par sa tentation d'adopter une attitude conservatrice avec un appel à plus d'Etat. Le constat clinique du déclin français, le désarroi moral des citoyens en pleine crise de la démocratie constituent un réquisitoire contre les politiques menées depuis trois décennies. Sans être un déclinologue, la régression de la France est liée à son antilibéralisme contre le reste du monde, et à l'intervention trop forte de l'Etat dans son économie qui s'acharne à maintenir un modèle administré social et économique du passé, se cachant depuis les années 1960 derrière son exception culturelle.

Le nouvel ordre mondial

Ce concept géopolitique, qui remonte au Moyen Age pose la question de la démocratie, et risque à court terme de séparer les dirigeants du peuple, par la prise de contrôle de l'économie mondiale d'une élite dirigeante avec le soutien de la franc-maçonnerie. Le gouvernement mondial, dominé par la pensée unique de nos élites témoigne d'une expansion de l'économie de marché dénoncée par des mouvements altermondialistes et anticapitalistes. Si les Etats-Unis devaient s'allier avec l'Europe et la Russie, l'Eurasie deviendrait une alliance stratégique qui regrouperait les ¾ des ressources naturelles en matière d'énergie et représenterait 60 % du PIB (produit intérieur brut). L'empire, l'évolution générale du monde politique et économique, se caractérise par la naissance de grands pôles planétaires. La théorie d'une puissance suprême a connu des difficultés par la grave crise bancaire, économique et sociale survenue à partir de 2008. La suprématie du dollar dans le commerce international et l'émergence de la Chine comme nouvelle puissance économique mondiale démontrent un besoin de coopération internationale accru afin d'éviter les crises financières à répétition qui pourraient survenir, ainsi que les problèmes alimentaires. La domination planétaire, prétendument démocratique de ce nouvel ordre mondial ne donne aucune explication conspirationniste sur cette évolution. Les courants de pensée des élites expliquent cette ambition d'une hégémonie mondiale contre la souveraineté des nations. Mais les plans d'austérité imposés aux peuples pour lutter contre la dérégulation en faveur de la finance mondiale ont entraîné de nombreuses contestations populaires. Selon certaines théories, donnant beaucoup d'importance à un groupe appelé *illuminati*, une société poursuivant un plan secret de domination du monde dans les domaines politique, militaire, économique et culturel regroupe les partisans de cette idée de superpuissance.

Systématiquement diabolisés, les responsables de ce complot : les Juifs, le capital, l'Etat, les communistes, les francs-maçons, ou encore le Vatican avec la complicité des élites, les intellectuels, les journalistes, les chercheurs manipulateurs et corrompus seraient la cause d'une série de catastrophes, d'attentats, de contaminations de virus et de maladies, et de destruction de la planète. Aujourd'hui, la société civile doit se mobiliser pour imaginer des solutions alternatives et exiger des réformes pour lutter contre ce système totalitaire qui s'organise. Des organisations comme *Egalité et réconciliation*, *Riposte laïque*, *le Réseau Voltaire* dénoncent le grand complot d'un nouvel ordre mondial contre le complot américano-sioniste et les conflits du monde. La clé de voûte de l'idéologie conservatrice et la perpétuation des valeurs traditionalistes sont en lutte contre la soumission des peuples à une autorité suprême. La communauté nationale s'élève contre l'Etat qui ne protège plus et le capital qui abandonne les citoyens les plus faibles guidés par des élites politiques et économiques corrompues. Priver le peuple de ses libertés fondamentales, liberté de circulation, liberté d'expression, liberté d'association et pluralisme politique serait le prix à payer pour instaurer ce régime totalitaire contre nos démocraties libérales. Sans avoir une vision manichéenne de ce nouvel ordre mondial, la vérité unique dictée par la manipulation des masses cultive une certaine paranoïa de la population qui les culpabilise par un discours autoritaire. Cette dimension conventionnelle de nos dirigeants fondée sur un désir profond d'orienter et de contrôler les esprits à travers des règles rigoureuses contre les dérives libertaires annonce des lois sécuritaires contre la liberté des citoyens. C'est la raison pour laquelle les conservateurs critiquent le collectivisme, l'étatisme et le supranationalisme de porter atteinte au jeu démocratique des idées qui alimente le combat contre la conformité idéologique des partis politiques. Avec des stratégies militaires secrètes, les gouvernements préparent vraisemblablement des scénarios de crises majeures contre les opposants, dénonçant les atteintes aux principes démocratiques. En France, si ce nouvel ordre mondial est propre à la répression des peuples, celle des heures sombres de notre histoire, elle permet de faire le lien contre la tentation de nos gouvernants favorables à des régimes totalitaires avec la collaboration de citoyens soumis. Construire une nouvelle société, c'est favoriser des solutions alternatives et accepter un changement radical afin de déjouer la marche irrésistible du groupe Bilderberg qui tente de trouver un remède à la démographie galopante de la planète et d'anticiper une panne éventuelle de la croissance économique du monde.

Les temps qui viennent risquent d'être sombres, tant les peuples sont à la recherche de plus de démocratie, de valeurs humanistes pour se libérer du joug de futurs tortionnaires d'un système mondialisé, concentrant tous les pouvoirs. Sortir de l'esclavage matériel et reconstruire du lien social contre les politiques commerciales agressives des pays occidentaux, soutenues par une exploitation des peuples soumis à la dictature d'une élite les incitant à s'appauvrir, appellent à un véritable choc des civilisations.

Le système capitaliste ne peut plus entretenir la misère et l'oppression de nations résignées pour maintenir une concurrence nécessaire, abaissant ainsi les salaires et le niveau social. L'incurie de nos hommes politiques, leur passivité face à ce péril créent les conditions de se dresser contre la construction de ce nouvel ordre du monde à la solde d'une poignée de dirigeants riches et puissants, organisés pour la pérennité d'un système bancaire international qui sera la conséquence de soulèvements prochains. Mensonge ou réalité ? Si des millions de citoyens s'organisent en milice pour combattre l'armée et les forces de l'ordre afin de combattre le gouvernement qui viole les droits du peuple, conforme à l'article 35 de la Déclaration des droits de l'homme et du citoyen de 1793, l'insurrection fera voler en éclats les mensonges d'Etat relayés par les médias officiels. Ne nous y trompons pas, tous les maîtres du monde depuis des millénaires ont abdiqué face aux révolutions populaires !

Pacte républicain ou communautarismes

L'idéologie républicaine prône des valeurs universelles de liberté, d'égalité et de fraternité au sein de la République. Ces principes républicains ont vocation d'être adoptés par tous les humains et sont liés aux droits fondamentaux revendiqués par de nombreux penseurs politiques français depuis la Révolution de 1789. A cette époque, la légitimité de la République s'explique par la nécessité de construire un nouveau régime, en emprisonnant et en exécutant des centaines de milliers de citoyens soupçonnés de ne pas adhérer aux principes universels des droits de l'homme. Les valeurs de l'universalisme républicain, relayées par de nombreux pays fondent le socle du rejet des discriminations, de la lutte contre le racisme, du combat contre l'esclavage ou encore du droit de vote des femmes.

La République française universalise les nations, ouverte à la diversité culturelle et protège les minorités. Le pacte républicain développe une philosophie de la laïcité et de la liberté de conscience. Les lois communes pour tous dessinent ainsi la sphère publique consacrée à l'intérêt général. Faire valoir ce qui unit les hommes sur ce qui les divise, c'est garantir une paix durable et la cohésion nationale. L'état laïque refusant tout privilège particulier consiste à respecter la neutralité vis-à-vis des influences sociales, philosophiques ou religieuses. En République, tous les citoyens doivent jouir des mêmes droits, mais aussi des mêmes devoirs, et les spécificités de toute nature doivent rester de l'ordre de la vie privée.

Les impostures, quant à l'assimilation républicaine des migrants d'Afrique du Nord, notamment d'Algérie, après les luttes de décolonisation des années 1950-1960 ont laissé de fortes cicatrices dans la communauté pieds-noirs et ressurgissent dès que le voile islamique s'agite dans la sphère publique et que l'Islam veut s'imposer comme religion d'Etat par l'implantation de ses mosquées sur nos territoires. En France, le seul fait de parler d'ethnicité apparaît déjà comme douteux et relève pourtant d'une véritable préoccupation française d'appréhender sa diversité de populations. La négation de poser le problème d'intégration par des politiques jacobins, ancrés dans un universalisme républicain ne répond plus aux exigences de la société.

Pour mieux vivre ensemble, en respectant la liberté de tous, c'est éviter les outrances de l'individualisme et les tentations du communautarisme. Notre attachement aux valeurs républicaines doit être un préalable d'intégration des étrangers sur notre sol, ce qui permettra au pays de mieux concilier l'unité nationale et la diversité. Valoriser cette adhésion, et réussir ensemble ce sentiment d'appartenance à une ambition commune d'un destin partagé doivent caractériser le renouveau d'une réussite individuelle et collective pour les nouvelles générations.

Dans la mondialisation actuelle, et le déferlement d'étrangers d'Afrique attirés par notre politique sociale généreuse que l'on ne peut plus financer, il faut initier des réformes courageuses comme la remise en cause du droit du sol pour préserver la cohésion républicaine indivisible, laïque, démocratique et sociale. Le pacte républicain, revendiqué par la gauche bien-pensante connaît ses limites d'accueillir « la misère du monde » dans les meilleures conditions aux frais des contribuables. Accorder la nationalité à une personne née sur le territoire national, quelle que soit la nationalité de ses parents, avait disparu au XIXe siècle. C'est la loi de 1851 qui l'institue définitivement, et celle de 1889 qui l'élargit. Pour les étrangers, la nationalité française ne doit plus être de plein droit, conditionnée par un choix s'appuyant sur un engagement de pacte de confiance sous certaines conditions de respecter la langue, l'héritage culturel et de s'inscrire dans une démarche citoyenne démontrant la volonté de s'intégrer. Le contrat d'accueil d'intégration soumet les bénéficiaires du groupement familial à des obligations d'apprentissage de la langue et de l'histoire de la République française. Obtenir un visa pour des étudiants, des travailleurs, ou des scientifiques et chercheurs ne doit être soumis à aucune exclusive, y compris les ressortissants roumains et bulgares. Le bilan d'intégration des immigrés en France souligne la situation des descendants de la seconde génération venue d'Afrique qui rencontrent certaines difficultés d'accès à l'emploi, ceci ne s'expliquant pas uniquement par une moindre réussite scolaire ou des parents modestes mais par un taux de chômage élevé lié à l'absence de croissance économique.

On explique la délinquance des immigrés dans les quartiers dits « sensibles » par le fait d'adolescents issus pour la plupart de familles maghrébines ou noires, peu éduqués, impliqués dans de nombreux délits et opérant en « bandes ». Les tentatives d'annoncer les statistiques sont rendues impossibles sous les plaintes répétées du MRAP et de SOS Racisme, alors que la population carcérale de détenus confirme à l'évidence la surdélinquance des jeunes d'origine maghrébine. Il ne faut pas nier qu'une partie de la population des quartiers concentre aujourd'hui les problèmes économiques et sociaux, chômage, déscolarisation, délinquance et criminalité dans des zones urbaines à la frontière des zones industrielles en voie de désertification, et sans adopter des manifestations xénophobes ou racistes, ils sont à l'origine du rejet de la population. Le parti communiste demande la régularisation inconditionnelle des clandestins, et souhaite accorder le droit de vote et l'éligibilité des étrangers pour des élections locales. Pour le Parti socialiste, l'immigration choisie est une conception arrogante. Il milite pour l'ouverture multiculturelle sans mesures de contrôle administratif ou policier sous prétexte que l'immigration choisie menacerait nos grands équilibres économiques et notre protection sociale. Les mouvements démocrates et populaires plus à droite sur l'échiquier politique français souhaitent la maîtrise de l'immigration pour sortir les quartiers difficiles de l'engrenage de la violence et de la relégation. Pour le Front national, il faut stopper l'arrivée des populations pauvres de l'Afrique, ou de l'Europe de l'Est en rétablissant un contrôle aux frontières. La suppression du droit du sol et de la double nationalité, du regroupement familial, et l'arrêt des « pompes aspirantes sociales », en instaurant la préférence nationale imposent un seuil de 10 000 entrées par an dans notre territoire national et les DOM-TOM (départements d'outre-mer-territoires d'outre-mer) sous souveraineté française situés hors du continent européen, et seraient un acte fort pour éviter que le pays ne soit culturellement menacé.

Le risque du communautarisme affirme que l'individu n'existe pas indépendamment de ses appartenances culturelles, ethniques, religieuses ou sociales. En France, les revendications culturelles ou politiques de groupes minoritaires font polémique pour qualifier des attitudes et des modes de comportements de communautés minoritaires remettant en cause les idéaux républicains, égalitaires et laïcs. Si la République assure l'égalité devant la loi de tous les citoyens sans distinction d'origine, de race ou de religion, article 1er de la Constitution de 1958, ces principes s'opposent à la reconnaissance des minorités quelles qu'en soient leur nature raciale, ethnique, linguistique ou religieuse. L'idée sous-jacente de l'Etat-nation s'exprime par une langue, un peuple, une nation et un Etat souverain.

Quand dans une émission politique « Ce soir ou jamais » sur France 3, Houria Bouteldja, militante politique franco-algérienne, porte-parole du Parti des indigènes de la République, a utilisé le terme de « sous-chien » pour désigner les Français blancs de souche, ceci provoqua peu de polémiques contrairement aux propos de Jean-Marie Le Pen quand éclate le scandale effarant du 13 septembre 1987, au « grand jury RTL-Le Monde » à propos de la contestation des chambres à gaz. La pression des minorités d'origine musulmane met en danger l'unité nationale et menace la cohésion sociale.

La persistance de la politique de l'uniformisation de notre nation, depuis le XIXe siècle aurait pu aboutir à un totalitarisme ne laissant aucune place à la diversité culturelle. Les replis identitaires provoquent l'indignation de la population et de certains élus ou parlementaires confrontés aux prières de rue, aux militants islamistes partis combattre en Afghanistan ou au Sahel, et aux difficultés de résister à la pression communautariste à l'école. Ce refus de ne pas vouloir intégrer la société française de certaines minorités est un débat crucial qui doit dépasser les oppositions simplistes pour tenter de comprendre l'avenir de notre société plurielle. La dérive des communautés dans nos démocraties libérales est opposée à la logique républicaine française universaliste et intégriste et sape notre volonté de vivre ensemble. Le lien social ou l'appartenance à la communauté nationale est un fait positif pour la construction de l'identité de la personne, et le développement des valeurs. La crise économique, les difficultés d'intégration, une immigration de plus en plus diverse affaiblissent notre pays et obligent la République à se défendre par des lois plus contraignantes. Les pratiques inacceptables pour des citoyens d'excisions, de mariages imposés, ou l'affirmation de la supériorité de la loi coranique ne sont pas compatibles avec l'égalité des droits.

Les revendications religieuses à l'école, interdisant la dissimulation du visage dans l'espace public, répondent à la fermeté nécessaire pour résister aux pressions exercées par la communauté musulmane. Les citoyens français sont obligés d'admettre qu'ils vivent dans une société complexe et différenciée sur le plan culturel et religieux, malgré le discours incantatoire et arrogant de la République. Former le citoyen, c'est lui faire connaître les principes républicains, et les expliciter. La faillite du système pour ces communautés de refuser des valeurs communes est l'indice réel d'une crise et de l'échec de l'appartenance à la citoyenneté nationale.

CHAPITRE VI

Pourquoi détester la France ?

Les élites françaises

Les élites qui nous gouvernent, dirigeants économiques, politiques et de la haute administration sont issues pour la plupart de bonnes familles sorties vainqueurs de nos grandes écoles, système scolaire français le plus inégalitaire de tous les pays développés. Le débat évoqué, très symbolique sur la suppression de l'ENA, (Ecole nationale d'administration) pour former des hauts fonctionnaires conformistes qui répondent à ce que l'Etat attend d'eux, resurgit chaque année. L'accès direct des énarques aux trois corps les plus prestigieux, l'inspection des finances, la Cour des comptes et le Conseil d'Etat plaident pour préserver des carrières enracinées dans les arcanes de l'administration. Le pays fabrique une jeunesse dominante de classes préparatoires qui empêche de démocratiser l'accès aux plus hautes fonctions par les étudiants issus de tous les milieux sociaux de l'université, le doctorat étant un diplôme universitaire peu reconnu. Lutter contre les inégalités et prôner l'égalité des chances, dans le discours politique, c'est permettre à tous d'intégrer les meilleurs lycées fournissant la quasi-totalité des effectifs des classes préparatoires. Si l'on considère les destins scolaires pour les familles les plus modestes, les psychologues, selon des études récentes s'accordent à confirmer qu'un enfant issu des classes les plus aisées aura davantage de chance de réussir, et d'accéder aux concours afin d'attacher les meilleurs élèves à la haute fonction publique. Pour les enfants des couches populaires, les parcours seront plus hasardeux dans cette période de déclin industriel et de pénurie d'emploi. La vieille passion française pour l'égalitarisme a su reconstituer une nouvelle noblesse de vainqueurs scolaires qui nous gouvernent, n'en déplaise aux moins bons qui n'ont pas pu intégrer Polytechnique ou HEC (Ecole des hautes études commerciales de Paris). La France favorise les têtes bien pleines au détriment des têtes bien faites. J'observe qu'au sein des élites républicaines, on est obsédé par l'éducation de ses enfants en y consacrant beaucoup d'énergie. Ce n'est pas par hasard, si dans les catégories intellectuellement supérieures, les enseignants en particulier disposant d'horaires raisonnables, on retrouve leurs rejetons bien placés dans la compétition scolaire.

Pourquoi cette élite issue des grandes écoles qui possèdent les rênes du pouvoir économique, financier et administratif cumule les résultats les plus piteux en matière de parts de marché à l'échelle mondiale, de déficits financiers abyssaux, une compétitivité et innovation technologiques à la remorque des pays industrialisés ? Il est sans doute urgent d'abolir les grandes écoles pour inverser la courbe des mauvais résultats qui accablent notre pays, pour éviter le marasme et la médiocrité économique française qui se confirme. Tôt ou tard il va nous falloir faire le lien entre les résultats économiques de France ainsi que sa perte d'influence dans le monde et son élite. Si HEC est une des meilleures business school du monde, se pose alors la question de notre déficit chronique de notre commerce extérieur par rapport à notre partenaire allemand qui, à ma connaissance, n'est pas doté de grandes écoles de commerce et fait pourtant carton plein sur les marchés mondiaux. C'est souvent la triste réalité des grandes entreprises françaises de recruter des polytechniciens qui ont suivi la même formation et qui détiennent le pouvoir économique de nos grandes entreprises concentré dans les mains d'un petit nombre de familles qui possèdent les moyens de production se comportant dans les milieux d'affaires comme une hiérarchie républicaine sociale, économique et politique grâce au contrôle de l'appareil d'Etat en bénéficiant des honneurs et de tous les privilèges. Dénoncer les élites ne se réduit pas à la lutte des classes, mais doit favoriser la mobilité sociale des trois institutions qui dominent l'Etat, le politique, le militaire et l'économique. Le véritable changement en France consisterait à virer tous les dirigeants de ces institutions qui concentrent le pouvoir d'influence et de décision sur la société. L'époque contemporaine donne naissance à la révolution de changer les élites administratives, les grands corps d'Etat qui détiennent le pouvoir et les privilèges incompatibles avec la démocratie. Considérer le groupe des dominants actuels comme responsables de cette société moderne, fondamentalement institutionnalisée et hiérarchisée pour l'ensemble des activités revient à remettre en cause le fondement même de notre démocratie comme une fiction égalitaire pour les citoyens. L'élitisme démocratique fondé sur la possession des biens et l'instruction de nos sociétés dîtes « développées » est méprisable, car il participe à la même logique de faire croire aux plus faibles que tout est encore possible. Il faut se forger de nouveaux idéaux selon lesquels l'acquisition du savoir hisse les hommes vers l'ascension sociale. Aujourd'hui la société ne fonctionne plus car l'alliance des « savants », des hommes de savoir et de pouvoir et des prolétaires s'est brisée. L'instruction au bénéfice d'une noblesse d'Etat a cessé de donner sa place à la promotion sociale, tant le système français est verrouillé. La loi de Pareto obéit à la logique implacable que 20% de la population française disposent de 80% des pouvoirs et de la richesse. Le pouvoir au sein de notre société a mis en place son propre système de création délites, une façon de pérenniser et de préserver les différents avantages acquis pour les générations futures. La tentation demeure trop forte, exception culturelle française, de s'arroger le droit d'administrer également des entreprises privées, persuadées qu'elles sont, d'avoir raison de tout. L'énarque peut ainsi pantoufler dans le secteur privé et décider de revenir, à sa convenance, dans la haute administration. Il est vrai que la France d'en bas n'a pas grande conscience de la façon dont se produisent les passations de pouvoir, et de la manière dont se répartissent les postes.

La France chancelle, et l'Etat proche de la faillite avec un chômage de masse, une paupérisation de sa population et de son tissu économique, et une récession chronique, n'empêchent pas nos dirigeants du CAC 40 issus de l'ENA ou L'X (Ecole polytechnique, dont la devise est : *Pour la patrie, les sciences et la gloire*) d'exiger en contrepartie du poids des décisions à prendre et des risques à évaluer de très bons salaires et des parachutes dorés. La plupart de ces patrons serait dans l'incapacité de créer des entreprises, dont notre pays a cruellement besoin. L'histoire de notre pays s'est construite de groupes sociaux qui se sont érigés en castes avec leurs propres hiérarchies et leurs règles strictes, c'est le cas des hauts fonctionnaires, des politiques, des médecins, des notaires, des pharmaciens, des enseignants défendant leurs avantages acquis, comparables au système de la vénalité des charges sous l'Ancien Régime d'avant 1789.

Il suffirait que l'Etat abaisse brutalement les salaires des fonctionnaires, ou ne puisse plus assurer un taux convenu de retraite pour qu'une explosion révolutionnaire permette de reconstruire enfin une nouvelle organisation sociale. Tous les jours, dans les officines secrètes de Bercy, la France emprunte des milliards sur les marchés pour payer la dette publique.

Dans toutes nos sociétés développées, la richesse et le pouvoir sont toujours les enjeux de convoitise, c'est pourquoi notre organisation Colbert-énarchico-polytechnicienne de cette élite entrepreneuriale, administrative et intellectuelle issue des familles de la noblesse et de la grande bourgeoisie est un obstacle pour la démocratisation de notre société moderne réclamant plus d'humanité, d'égalité de droits et de conditions matérielles plus justes. La révolution de 1789 est une révolution inachevée quand on songe à la méritocratie républicaine.

Afin de mieux comprendre la presse et les médias

Après l'annonce de la mise en vente du Nouvel observateur, avec une perte de 15 millions d'euros, c'est l'hebdomadaire Marianne qui connaît des heures difficiles.

La presse paye sans doute sa soumission à l'ordre établi, et de nombreux journalistes français en quête de respectabilité semblent extrêmement dépendants du pouvoir. Les compromis ou arrangements de carrière ont fait place à l'esprit critique. Le sauvetage de L'Humanité, organe du Parti communiste, où l'Etat efface une dette de 4 millions rappelle que sans les aides publiques apportées par les contribuables, la presse et les médias subventionnés disparaîtraient à terme. Le secteur de l'édition papier subit lui aussi une lente, mais violente transformation, avec l'apparition de l'édition numérique.

La critique des médias français, presse écrite, télévision, radio et Internet financés et contrôlés par des groupes industriels suppose de repenser à une communication de masse de l'information dans les démocraties modernes. En France, un nombre important de groupes industriels, Lagardère, Dassault, Bouygues et Bolloré détiennent une part importante des médias. Les autoroutes de l'information doivent susciter la défiance du peuple sur le contenu et le traitement de l'information des journalistes et son utilisation par nos politiques et la société civile. Le pluralisme expose l'opinion publique à des critiques partielles, partiales, réductrices, caricaturales, populistes, parfois conspirationnistes ou antisémites. Le débat qui concentre la liaison entre les intérêts financiers, la presse et le gouvernement afin d'obtenir l'adhésion du public, en considérant que l'information a pour objectif principal d'obtenir de l'audience la plus large possible, atteste que la possibilité d'une information transparente et objective est réduite. L'information, servie par des groupes économiques et financiers, au-delà du choix des journalistes, est sensible à l'idéologie de ces milieux. La dépendance accrue par les revenus publicitaires incite à orienter certaines lignes éditoriales pour cibler des audiences et pour satisfaire les annonceurs. La puissance financière des annonceurs risque, en présentant de manière favorable des produits de grande consommation, d'inciter au consumérisme en abandonnant progressivement tout esprit critique, et le renoncement à la curiosité. La contagion du zapping aboutit à des articles moins longs, et des enquêtes bâclées.

La connivence avec le monde politique et industriel nuit à l'objectivité dont se réclament officiellement de nombreux médias. La volonté de ne pas déplaire pour conserver son travail ne reflète pas la déontologie du journalisme, et beaucoup ont franchi la frontière censée être établie entre les pouvoirs politique, économique, financier et culturel. La crainte de déplaire peut être mise en lumière par l'éviction de certains journalistes qui ne seraient plus objectifs de décrire des faits mais de les interpréter en fonction de leur obédience idéologique. Dans les émissions de débat public, les experts invités dans les médias sont presque toujours issus des mêmes horizons. La focalisation de la presse sur les affaires politico -juridiques, s'attachant à démasquer des scandales, favorise un climat de défiance envers des personnages publics, développe une étrange collusion favorisant la théorie des complots. Influencer ou manipuler l'opinion publique par la sélection de journalistes bien-pensants revient à se conformer à la politique de l'institution, afin de mettre en pratique les contraintes imposées par les propriétaires, centres du pouvoir du marché et de l'Etat. Délégitimer les médias traditionnels afin de remettre en cause « l'objectivité » des journalistes c'est miser sur le Net pour trouver un autre type d'argumentation politique aboutissant à la critique de la langue de bois institutionnelle. Le pouvoir d'Internet, comme nouveau média, a transformé la communication et la connaissance et permet aux visiteurs de faire leur choix sur l'ensemble des contenus du web, les services, le commerce, les loisirs et l'information. L'habilité des internautes c'est de trouver le bon chemin qui contribue à une critique radicale des médias traditionnels assoupis depuis des décennies, soumis aux chefferies éditoriales. Les enjeux des médias associatifs ou alternatifs au profit de l'information et de la culture permettent aux usagers une appropriation libre et démocratique. La révolution numérique a contribué à diversifier la parole politique qui ne cherchait qu'à persuader son auditoire pour le convaincre et le préserver. La contestation du discours institutionnel par des critiques virulentes nourrit la polémique sur l'utilisation de la dimension politique de l'information.

Le combat sur le pluralisme et l'indépendance financière de la presse est une tentative de libérer l'opinion de la domination idéologique. Contre la rhétorique obscure des discours du pouvoir, il y a consensus que la pensée unique, sous surveillance, interdit toute velléité de contestation.

Le bouleversement en profondeur de la société par les techniques numériques se traduit par une mise en réseau planétaire des individus et se traduit par de nouvelles formes de communication sur les réseaux sociaux. Ce libre accès à la connaissance et à la culture est à l'origine d'une révolution qui bouleverse radicalement les modes de pensée. Les réseaux sociaux, les ordinateurs portables, les smartphones, les tablettes, Twitter bouleversent la manière d'appréhender le monde et multiplient les initiatives pour s'adapter aux défis de la société, en faisant sauter les barrières hiérarchiques, et les structures habituelles en proposant des alternatives sociales et économiques. La société de l'information peut prendre des formes différentes selon la volonté des acteurs qui la bâtissent dans des communautés virtuelles. Le numérique met en cause les anciens équilibres des industries, de la culture et de l'information. Les industries culturelles, telles que le cinéma, la radio, la télévision ou le disque, sont également touchées de plein fouet par la numérisation. Hormis les questions d'ordre purement économique, les tendances de la chaîne d'information sont en train de s'accélérer et obligent tous les acteurs à saisir toutes les opportunités de secouer les idées reçues depuis des décennies. Dans cette nouvelle ère médiatique, le modèle des médias traditionnels vole en éclat sous la pression de blogueurs, de journalistes et des intellectuels citoyens. L'enjeu majeur pour organiser l'information de demain va nous rendre plus mobiles dans cet univers virtuel et prometteur d'apprentissage en matière d'éducation et de formation, partageant l'idée d'un nouveau pouvoir qui s'interroge sur la stratégie de communication à adopter face à ses communautés diffuses. Combien d'informations, hier indisponibles ou savamment cachées, sont désormais accessibles au plus grand nombre d'internautes ? Inventer de nouveaux usages, s'adressant à une nouvelle génération, a naturellement un très fort impact sur le coût et l'intensité des échanges entre les hommes.

Ce que l'on ne veut pas voir, il faut le nier, les méthodes journalistiques soumises au « politiquement correct » ont à subir les critiques en les plaçant devant leurs contradictions. Les journalistes préfèrent souvent l'idéologie à la vérité. Au nom de la démocratie et de la défense du droit à l'information, des agents d'influence privés ou publics occupent une place croissante dans les médias. Corruption, problèmes sociaux, actualités internationales : on est en droit d'attendre une presse libre et indépendante permettant aux citoyens de se faire une opinion. La réalité est toutefois bien éloignée, en témoigne la chute vertigineuse de lecteurs venus chercher l'information sur Internet. Cette déliquescence donne aux agences de lobbying de nouvelles occasions de faire la pluie et le beau temps, laissant les journalistes aux abois se cantonner avec amertume dans le clinquant des faits divers, les experts qui inondent les médias étant d'une grande efficacité. Alain Soral, essayiste franco-suisse, membre du Parti communiste puis du comité central du Front national, sur son site *Egalité et réconciliation*, nous rappelle souvent que la prostitution journalistique est le résultat d'une évolution longue et insidieuse. En temps de crise, il s'agit maintenant de ne pas se laisser intoxiquer par la propagande à la solde des oligarques qui gèrent le système et qui profitent de la désinformation visant à donner une fausse image de la réalité, dans le but de protéger des intérêts privés et d'influencer l'opinion publique. Résister à la désinformation planifiée principalement exercée par l'influence des autorités étatiques, les groupes financiers ou industriels quand un journaliste ne vérifie pas ses sources, ou n'est pas compétent pour traiter sur sujet technique, seuls les médias alternatifs sont capables de contrer la désinformation institutionnelle.

Mais Internet véhicule également un large éventail de rumeurs et de canulars destinés à semer le doute ou à accréditer une thèse. Au début du XXe siècle, la propagande russe publie les protocoles des sages de Sion pour prouver que les juifs et les francs-maçons avaient mis au point un programme pour anéantir la chrétienté et dominer le monde. Ce plan imaginaire utiliserait des violences, des ruses, des guerres et des révolutions, s'appuierait sur la modernisation industrielle et le capitalisme pour installer un pouvoir juif. Les historiens et universitaires sont cependant unanimes sur cette falsification grossière du complot, l'ouvrage ayant été interdit en France par un arrêté de mai 1990 pris par Pierre Joxe ministre de l'Intérieur. La censure de livres, de journaux, de bulletins d'information, pièces de théâtre, de films et de sites Internet limite de manière arbitraire notre liberté d'expression. Le poids de la gauche conformiste dans les rédactions favorise une société de tabous en feignant d'exprimer une parole libérée. La confusion entre l'information et l'opinion des journalistes du *Monde* rétrécit la pensée centrée sur le mondialisme, l'antiracisme, et la diabolisation par une véritable tyrannie médiatique. Mais aujourd'hui, les journalistes ne sont plus des « intouchables », et le dernier bel exemple est celui de la manipulation du mariage pour tous, d'en faire une priorité alors que la classe moyenne croule sous la charge des impôts et doute de plus en plus du projet européen, de l'immigration et du multiculturalisme, et quand le problème devient trop évident, ils accusent l'opposition d'enfler la psychose. Les exemples de mensonges et d'omissions sont légions obligent le citoyen à plus de vigilance de se méfier des médias. Le débat sur l'Ukraine, sur le devant de la scène politique, secoue le pays et penche vers les partis libéraux pro-européens sensibles à la « social-démocratie ». La façon dont le sujet est traité dans la presse écrite et à la radio laisse penser que toute la population ukrainienne, gouvernée par un régime autoritaire serait évidemment favorable à l'intégration européenne. Avec un taux de croissance faible et un chômage en forte augmentation, la montée de la précarité et de la pauvreté alors que les élections européennes risquent fort de connaître une abstention majoritaire, c'est sérieusement prendre les Ukrainiens pour des imbéciles s'ils ignorent la situation catastrophique de l'économie européenne. La lecture orientée des événements fait écho à la pensée dominante en faveur d'une vision démocratique du capitalisme.

Critique du milieu culturel français

Si la France est toujours considérée comme un pays de grande tradition culturelle, d'où vient cette réalité que le milieu artistique est politiquement de gauche ? Le monde de la culture admet que la droite représente l'ordre et la finance alors que les artistes, la création culturelle et artistique sont réservés à la gauche. Il y a pourtant des artistes, des écrivains, des comédiens, des chanteurs de droite, mais leur engagement n'est pas affiché. Dans les années 1980, des artistes proches du Parti communiste et de la gauche radicale, des anarchistes ont été soutenus par la gauche de Mitterrand et son ministre de la Culture Jack Lang. Déclarer publiquement être de droite, sous peine de perdre sa crédibilité devant un public sectaire, est pire que de ne plus être invité sur les plateaux télé. Il suffit de voir le traitement réservé à Alain Delon, Michel Sardou Charles

Aznavour et bien d'autres pour la défense de principes classés à droite comme l'interdiction de l'avortement, la défense de la peine de mort ou la lutte contre le communisme. Gare aux hérétiques, la gauche dans le milieu culturel s'est élevée au rang d'une religion. Gérard Jugnot avait récemment déclaré qu'à une époque si on n'avait pas sa carte au PC (Parti communiste) on n'était pas invité sur les plateaux. La « gauchisation » des cerveaux avait commencé au lycée avec des tabous indéboulonnables pour devenir les apparatchiks de la pensée unique jusqu'à la chute du mur de Berlin. Tout était bien dans le meilleur des mondes, qu'il n'y avait pas lieu de s'inquiéter, mais à l'heure du marché triomphant de la mondialisation les utopistes impénitents de l'exception culturelle représentent des menaces que tout peut être emporté, Etat, démocratie, nation, peuple, souveraineté. L'argument avancé a de quoi surprendre pour tous ces intellectuels et ces artistes de gauche, la libéralisation des marchés financiers ne les fait pas réagir, tant le droit de défendre leurs intérêts, les droits d'auteurs et de production culturelle répondent à leurs préoccupations principales économiques. Comme l'avait écrit Jack Lang en 1981, « on vient de passer de l'ombre à la lumière ». Aujourd'hui, la dérive sur des questions purement politiques s'exprime farouchement sur le vote en faveur des étrangers, les défilés pour le mariage homo et la défense des sans-papiers et surtout contre l'argent qui salit tout. Quand on est un artiste de gauche, on doit le faire savoir et j'ai compris la haine déclenchée contre Nicolas Sarkozy quand j'ai lu dans *Libération* la diarrhée verbale contre Gérard Depardieu. Le bien était à gauche et l'ennemi était de droite. La gauche de tout temps a eu des indignations sélectives. Pourtant, quand les camarades communistes parlaient du « génial Staline », Yves Montant et Jean Ferrat ont longtemps été montrés comme des exemples de l'Union soviétique, ou Danielle Mitterrand qui n'a jamais renié son admiration insensée pour Fidel Castro et son régime dictatorial. L'archaïsme de la gauche, avec sa démagogie contre toutes les victimes de notre société, les jeunes, les pauvres, les immigrés, les cités des banlieues, les sans-papiers, et tous les discriminés de la terre souhaite donner des leçons de citoyenneté et d'humanisme. Les revendications du monde du spectacle et des médias se disant de gauche monopolisent les bien-pensants du politiquement correct et cela relève d'une certaine hypocrisie pour la majorité silencieuse. Dans ce contexte, définir ce que veut dire être de gauche « caviar » ou marxiste, c'est sans doute devenu la norme pour imposer la même vision du monde, en colonisant tous les secteurs et en ne laissant à la droite que l'armée et le grand patronat.

Les journalistes de droite, les fonctionnaires de la haute fonction publique, les institutions culturelles, la moitié des recteurs d'académie lorsque le pouvoir change de main sont discriminés dans une sorte de chasse aux sorcières. Sous la Hollandie « les têtes tombent » mais beaucoup plus sournoisement, au mépris des promesses de la campagne électorale du candidat François Hollande. La tradition républicaine veut que chaque président sortant laisse à son successeur une liste de collaborateurs à préserver. La nomination des directeurs des chaînes de télévision, et du CSA (Conseil supérieur de l'audiovisuel) nourrit un sentiment de malaise. Avoir été sarkozyste est une tache indélébile sur un curriculum vitae. Pour Aurélie Filippeti, ministre de la Culture, son arrivée à la rue de Valois, à défaut de pouvoir remplacer à la tête des institutions culturelles tous les personnels compétents par des membres de son clan, décide de « redéfinir ses priorités ».

Détacher Marine Le Pen et le Front national des oripeaux idéologiques d'extrême droite dont l'affuble généralement la presse de gauche de mépris et de dégoût constitue pour les gaullistes, les démocrates-chrétiens, les socialistes, les communistes une tentation de collaboration inacceptable. Confondre les vaincus de l'histoire de la Seconde Guerre mondiale de l'extrême droite française participe d'une haine commune d'intolérance et de manipulation de l'opinion. Les résistants massacrés et les juifs martyrisés ne peuvent qu'inspirer de l'indignation, mais pourquoi résolument associer les électeurs du Front national, des gens ordinaires comme des ennemis de la République ? Le brevet de moralité des autorités publiques de gauche conduit certains à voir des racistes, antisémites et des homophobes partout.

Le climat de délation et de vindicte populaire d'une minorité culturelle qui dénonce les opposants au régime socialiste rejette « le peuple d'en bas » en traquant les commentaires dénonciateurs, ou les pétitions. Ne pas regarder les choses en face n'empêche pas leur existence. Le travail d'investigation que chacun doit mener vise à montrer les dérives de cette caste culturelle à qui nous avons confié le soin de diriger l'orientation partisane du pays. Les hommes d'honneur, ceux qui pensent toujours bien agir, désignent des coupables et combattent les escrocs avec un esprit inquisitorial. La corruption, les conflits d'intérêts tentent maladroitement de museler le droit de savoir, chargé de lutter contre l'hérésie de la population. Pourtant, depuis la Révolution, au nom de la transparence le peuple peut contrôler l'action de ses représentants d'élus en détectant les comportements clientélistes. Le fonctionnement de notre République socialiste, au nom de la loi et des grands principes, se croit un devoir de juger ses semblables. Quand nous parlons des élites culturelles et médiatiques de la République infiltrées dans tous les recoins de la société, les voies du renouveau ne devront pas participer aux règlements de comptes pour mettre un terme aux grandes perversités.

Le jour où votre épargne sera réquisitionnée !

Depuis 1958, la vie politique française est marquée par une histoire riche et complexe. Aujourd'hui, la fin de la social-démocratie réclamée par le parti de gauche de Jean Luc Mélenchon, homme politique français et franc-maçon fidèle au Parti socialiste pendant trente-trois ans implique de renoncer au soutien du gouvernement Ayrault à bout de souffle qui impose une politique d'austérité au peuple, incarnée par la volonté de Bruxelles, avec un cynisme dont seul le Parti socialiste sait faire preuve. Pour tous les citoyens, écologistes et anticapitalistes, partisans de la décroissance qui placent l'humain au cœur de toutes considérations, les conditions de vie et de salaire, la condition des femmes et des étrangers avant la dette et les intérêts financiers sont une priorité. Pour tous ceux qui rêvent de moraliser le capitalisme, le réveil risque d'être brutal car plus de justice sociale suppose indubitablement un nouveau partage de richesses.

L'image d'une France rebelle, héritière de la révolution de 1789 qui a soif de nouvelles conquêtes fraye sans doute un nouveau chemin d'une transformation prochaine. Nous traversons une période à haut risque marquée par le ras-le-bol fiscal, et la revendication identitaire. Le cadre politique porte sur une refondation démocratique ou les partis de gauche bien-pensants dans un dernier sursaut tenteront de faire fuir les derniers exilés fiscaux. Il faut que la droite, la plus large possible, s'empare de la question sociale, et s'inscrive dans une stratégie offrant des perspectives libérales en faveur des entreprises et du développement économique et industriel.

Malgré les résistances tenaces d'opposants associatifs, de multiples conflits sociaux, de mouvements de grève à répétition, le travail de réseaux consiste à reconsidérer les choix économiques, l'immigration, le logement et l'aménagement du territoire, ou la création d'activité pour les plus démunis. Dans ce contexte de dégradation, les initiatives de mobilisation sur le plan national pour lutter contre le marais politique et des organisations syndicales pourraient se donner comme objectif d'être le creuset d'une nouvelle société plus juste et équitable, où chacun trouverait sa place, principe de l'idéal républicain en lambeaux. Une marche sur les pavés parisiens, une de plus, de mobilisations populaires ne résoudront pas les obstacles des injustices de notre médiocratie. Le temps n'est plus à la résignation contre la suprématie des élites, la violence économique, l'austérité et le chômage, il nous faut créer un mouvement de rupture insurrectionnelle. L'insurrection comme moyen efficace de mettre à mal la société dominée par nos élites, les médias et les politiques pour se libérer de l'Etat et des institutions autoritaires, de la domination policière et militaire, des syndicats ou des confédérations. Cependant marquer la rupture avec la gauche socialiste, les communistes et la droite traditionnelle et répondre à une nouvelle organisation sociétale, c'est adhérer à de nouvelles solutions idéologiques réclamant un combat actif de reconstruire la communauté nationale. Si la politique est principalement ce qui a trait au collectif, l'action politique directe implique de ne pas se soucier des règles et des procédures qu'appliquent les économistes et politiciens depuis la Seconde Guerre mondiale et signifie que chaque Français soit prêt à se battre pour reprendre le contrôle de sa vie pour essayer d'agir, afin de changer la société. Prendre ses responsabilités dans ces périodes troublées suppose sortir des modes d'actions politiques traditionnels. Le temps des manifestations, du lobbying, des tracts, des meetings et pétitions est révolu. L'action politique directe sera menée par les forces vives de la nation, la classe moyenne entrepreneuriale, les professions libérales, les commerçants, les artisans, certains ouvriers et salariés contre les techniques d'encadrement des syndicats et des partis politiques afin de s'affranchir des luttes idéologiques du passé qui ont tant fait de mal au pays. L'action massive et violente, avec usage de la force des manifestants agressés par la police et l'armée pour mettre en place un nouveau régime révolutionnaire mis en œuvre par des groupes nationalistes et libertaires, revendiquant le cadre général d'une nouvelle organisation sociale élargie à tous les domaines de l'économie, du droit et des problèmes écologiques. Les luttes contre la représentativité des hommes et des femmes issus de partis politiques depuis les Trente Glorieuses sont un préambule incontournable pour obtenir le droit d'obtenir de la collectivité des moyens convenables d'existence, afin de reconstruire une nouvelle Constitution. La question des droits et des devoirs des citoyens prend en compte des objectifs d'économie durable croisant les aspects économiques, sociaux et environnementaux. Affirmer des principes de liberté et de responsabilité individuelles, repose sur l'idée que chaque citoyen doit pouvoir s'approprier des droits fondamentaux fondés sur la liberté d'expression, le droit au pluralisme et le libre-échange qu'aucun pouvoir ne peut violer. Cela exige que l'Etat ne devienne plus l'oppresseur pour l'individu par des castes, des statuts et des privilèges de certains ou qu'il bride par un monopole la véritable capacité d'action économique. L'action de l'Etat est nécessaire à la protection des libertés individuelles, uniquement dans le cadre de ses fonctions régaliennes. Aucune intervention de l'Etat n'est supportable dans l'économie subie et préconisée par une économie collectiviste qui condamne les inégalités sociales et l'exploitation de l'homme par l'homme en défendant le progrès social et prônant l'avènement d'une société égalitaire. Cette imposture socialo-marxiste de plus de justice sociale apparente est à l'origine des inégalités flagrantes, conséquences de l'échec de notre démocratie avec l'éclosion de réactions de révolte spontanées de la classe moyenne face aux menaces de prolétarisation. Quand les contradictions inhérentes des sociaux-démocrates, de cette médiocratie bourgeoise seront enfin balayées dans le cadre d'un nouveau régime ? Quelles seront les perspectives ? Pour justifier sa légitimité, le nouveau pouvoir se réclamera de la volonté populaire en s'appuyant sur la qualité de nouveaux dirigeants au service d'une ambition contre l'oligarchie bourgeoise actuelle ou la soumission de tout pouvoir religieux quel qu'il soit. Repenser le pouvoir politique et les modes d'organisation territoriale nous oblige à appréhender tous les systèmes de prise de décision. Le pouvoir politique de la Ve République, à bout de souffle, adossée à la séparation du pouvoir exécutif, législatif et judiciaire en assurant une soi-disant meilleure représentativité du peuple ou du moins de l'élite suppose de changer radicalement de modèle. L'objectif c'est de casser l'Etat unitaire et centralisateur sous tutelle de l'Union européenne qui ne confère pas assez de pouvoir aux revendications du peuple productif. Dans notre société contemporaine, l'accession au pouvoir pour un changement en profondeur ne peut se faire que par un coup d'Etat brutal. Du désaveu du dernier président de la Ve République à la détestation des politiques en qui les Français n'ont plus confiance où rien ne va plus chez les agriculteurs, les ouvriers, les salariés, les libéraux, les entrepreneurs et les médecins, les motifs de colère sont légion, mais n'apparaissent pas dans les statistiques d'Etat face à cette hypocrisie ambiante insupportable de ce pseudo-humanisme.

Supprimez le RSA (revenu de solidarité active) et les prestations sociales… les banlieues descendront dans la rue et provoqueront la guerre civile. Depuis de nombreuses années, dans les zones de non-droit, la police ne pénètre plus. La raison d'Etat a besoin de ressorts sociaux, comme les Romains à Capoue, nous nous sommes vautrés dans notre confort de la consommation et n'avons pas écouté « les barbares » frapper à nos portes pour réclamer une vie plus digne.

L'année 2014 marquera un tournant dans l'histoire de notre pays. Le chaos social et économique, est tel que nous ne l'avons pas connu depuis 1789, nous ne nous y trompons pas, tant la faillite de la France est désormais proche. De nombreux Français pourraient voir disparaître leur épargne en fumée, alors que d'autres parviendront à protéger leur patrimoine à l'étranger. Dans ces périodes troublées, des fortunes se font … et se défont. La réalité implacable, sans servir la cause des multinationales cotées en bourse et des grandes banques, les dérèglements financiers mondiaux depuis la bulle immobilière américaine de 2007, la crise des dettes souveraines entamée depuis 2010, et l'effondrement boursier, infligeraient de lourdes pertes aux investisseurs. Le pire est sans doute à venir et affectera profondément notre niveau de vie et le rang de la France dans le monde. Pour payer ses dettes et les rembourser en comblant notre déficit qui s'aggrave, l'Etat emprunte toutes les semaines sur les marchés. Les montants empruntés et les intérêts d'emprunt sont considérables pour payer les dépenses de l'Etat, un cercle vicieux dont nous ne pourrons sortir sans d'immenses sacrifices. Nos impôts ne servent plus à assurer un service public digne de ce nom, dans l'éducation, la recherche, la défense, les infrastructures et le logement. Combien d'années il nous faudra pour rembourser la dette, alors que les Français réclament plus de justice, de police, d'armée, de musées ou d'hôpitaux ? Les dépenses d'enseignement et de recherche, des collectivités territoriales, de la charge de la dette, de l'Union européenne, de sécurité, de travail et d'emploi, de solidarité, d'écologie et d'économie durable ne pourront plus être financées par Bercy, sous contrôle de la Commission européenne.

La pression fiscale proche de 60% en France est la plus élevée d'Europe, fait qu'un Français travaille pour l'état jusqu'au 31 août de l'année civile. Année après année, l'Etat rajoute un handicap bien français, le nombre endémique de fonctionnaires, pour faire supporter des pans entiers de notre économie qui reste sous contrôle étatique, ce qui provoque l'écrasement de la France moyenne soumise à contribution.

Les politiciens ont perdu le contrôle de la situation, et le compte à rebours de la faillite est déjà enclenché provoquant vraisemblablement la fin de la zone euro et le soulèvement populaire de futurs bouleversements politiques, au mépris des règles les plus élémentaires de la démocratie. Les sommets de la dernière chance se multiplient avec des déclarations d'intention et de belles promesses. En France, la route du redressement s'accompagnera de scènes d'émeutes et se fera sous la tutelle du FMI. Plans de rigueur, détresse sociale, nouvelles mesures fiscales, faillites bancaires, tout cela pourrait être au programme des prochains mois. Les années à venir vont amener des bouleversements économiques et sociaux profonds nés de la faillite de notre Etat-providence.

Quand la gauche rétablit la censure

L'interdiction des spectacles de l'humoriste Dieudonné par le ministre de l'Intérieur de la « Hollandie », Manuel Valls, a franchi les limites de la censure et du ridicule. Il est vrai que ce ministre de l'Intérieur lié à Israël pour l'éternité est pitoyable, en stigmatisant par une propagande haineuse avec les médias officiels « la quenelle » désormais devenue un « salut nazi inversé ». Le régime gauchiste a condamné à plusieurs reprises pour diffamation, injures et provocations à la haine raciale et à l'antisémitisme l'humoriste Dieudonné qui, dans ses sketches, n'insulte pas la mémoire des victimes de la Shoah, mais qui veut casser l'indécente exploitation mémorielle, plus de soixante-dix ans après, de l'holocauste ressassé jusqu'à l'indigestion. Monsieur Valls, le même qui, visitant le marché de la ville d'Evry pendant sa dernière campagne électorale aux élections municipales s'étonnait devant les caméras, de voir si peu de « white » ou de « blancos » dans sa ville. Oser se moquer des juifs, qu'il s'agisse des catholiques ou des musulmans est-il devenu répréhensible devant la loi ? La dérive totalitaire et grotesque de ce régime gauchiste qui prétend réduire au silence tous ceux qui dénoncent ses échecs et ses mensonges, dans une société qui se délite sous la pression du « politiquement correct » est le signe d'un gouvernement aux abois. La haine qui pourrait pousser les autorités à interdire certaines réunions publiques, sous prétexte d'accroître les risques à l'ordre public implique une très inquiétante dérive pour la liberté des citoyens. Les atteintes à la liberté artistique, associées à l'exclusion d'écrivains, essayistes et intellectuels dissidents chassés des médias officiels constituent la marque de la dictature idéologique de la gauche. La censure des « bien-pensants » de la pensée unique et du politiquement correct marquent d'une pierre noire l'avènement d'un nouvel ordre mondial qui bafoue les libertés. Par un matraquage incessant, l'humoriste noir est un militant antisioniste condamné par la justice française à plusieurs reprises à la demande de la LICRA, Ligue internationale contre le racisme et l'antisémitisme, présidée par maître Jakubowicz a fait du « Théâtre de la main d'or » à Paris, dont il est le locataire, un haut lieu de résistance à l'idéologie sioniste par son discours dénonçant les juifs, je cite : « comme les plus gros escrocs de la planète » qu'ils ne représentent pas « le prétendu peuple élu » et qu' Israël n'est pas la « terre promise ».

En France, les opinions négationnistes et antisémites sont qualifiées de délits, le professeur Robert Faurisson niant les chambres à gaz et l'extermination des juifs en a payé gravement de sa personne. Dans ce contexte, faire rire de l'univers concentrationnaire nazi et de la réalité de l'holocauste de juifs en pyjamas rayés portant l'étoile jaune devant une foule hilarante dans un spectacle purement humoristique relève d'une audace insensée.

La liberté d'expression est parfois insupportable, mais demeure un des fondements de notre démocratie, et ne doit pas déboucher systématiquement sur des informations judiciaires du parquet pour « injures raciales ».

Manuel Valls, le Fouquier-Tinville, accusateur public du tribunal révolutionnaire, de la « Hollandie » qui soupçonne Dieudonné d'exprimer de la haine contre la communauté juive, a délégué par circulaire aux préfets de la République d'apprécier chaque spectacle, si le risque et le trouble à l'ordre public sont caractérisés, et si cela justifie la juste interdiction des représentations. Début janvier 2014, les villes de Nantes, Tours, Orléans, Bordeaux interdisent le dernier spectacle de Dieudonné, humoriste et militant politique français controversé luttant pour faire reconnaître l'esclavage et la traite des noirs, comme un crime contre l'humanité.

Quant à Alain Soral, essayiste et éditeur, figure de l'antisionisme français, cinq livres vendus sur le site Internet des éditions « Kontre Kulture » interdits pour antisémitisme devront être retirés de la vente dans les meilleurs délais. La justice française reproche à ces livres le délit d'injure contre la communauté juive, de négation de crime contre l'humanité, et de provocation à la haine raciale.

Soutenir la liberté d'expression est un véritable engagement démocratique et suppose la tolérance d'accepter ce que l'on n'aurait jamais osé penser, exprimer, écrire et entendre. Le livre « *L'Anthologie des propos contre les juifs, le judaïsme et le sionisme* » de Paul-Eric Blanrue, historien, écrivain et collaborateur à la revue *Historia*, qui signe une pétition début 2011 en faveur de la liberté d'expression totale et l'abrogation de la loi Gayssot est retiré définitivement de la vente, mis au pilon, sous la pression de la LICRA ayant exigé à l'éditeur Alain Soral de verser 20 000 euros de dommages et intérêts.

Le lynchage des spectacles de Dieudonné, et les agressions de milices dont fait l'objet régulièrement Alain Soral lors des journées de dédicaces en librairie devraient plutôt soucier monsieur Valls, ministre de l'Intérieur, soucieux de la sécurité de tous, poursuivi lui-même par une plainte pour incitation à la haine raciale pour ses propos récents sur la communauté des Roms.

En France, on peut balancer des propos blasphématoires contre le christianisme et l'islam, ne faisons pas du judaïsme, une exception culturelle française supplémentaire ! En démocratie, les caricatures sont monnaie courante, et personne ne peut les interdire, sous prétexte que ça offense une communauté.

Si l'on considère le comportement de l'état Israélien contre les Palestiniens dans les territoires occupés, depuis 1948, le conflit au Proche-Orient oppose les Palestiniens et l'État israélien, et divise les communautés juives et arabes du monde entier malgré les nombreuses résolutions successives pour tenter un processus de paix négociée. La première intifada ou l'émergence de la société palestinienne ne justifie en rien les tirs de roquettes contre le peuple juif. La construction du mur, décidée par le gouvernement israélien, séparant les deux communautés, avec les points de passage submergés de files d'attente palestiniennes demeure un dommage irréparable qui amplifie la haine. Les opérations militaires israéliennes répétées contre le Sud-Liban et la bande de Gaza constituent une réponse à la violence et à l'insécurité. L'impasse de la situation soumet le monde à de graves tensions géopolitiques, entre sionistes et ceux qui ont décidé de détruire Israël.

Depuis l'holocauste, nier la Shoah est pénalement sanctionné, mais rétablir la dictature d'une pensée unique, nous devons tous vigoureusement la condamner.

Alors que certains groupes de rap incitent à la haine raciale et à la violence, certains jeunes des banlieues portant fièrement les drapeaux de leurs pays d'origine qui sifflent la Marseillaise et méprisent la France et les Français, nos policiers et nos mères, interdire Dieudonné serait le pire scénario rappelant le régime de Vichy contrôlant les programmations théâtrales sous l'Occupation. Ligoter la liberté d'expression, car enfin en France depuis ces heures obscures de son histoire, on peut se moquer de toutes les communautés et même insulter des symboles chrétiens, musulmans et juifs en cédant à la provocation.

Si les insultes contre la mémoire des victimes de la Shoah sont devenues insoutenables pour la communauté juive, la démarche de Manuel Valls de les combattre et de les censurer aura une répercussion sur les internautes nombreux qui rejettent les élites et la classe dirigeante.

La domination de la communauté juive dans la finance, l'économie et les médias anime l'humoriste contre le lobby sioniste et les médias officiels. Ce coup médiatique de l'exécutif ne fait pas illusion, et le piège va se refermer contre le ministre de l'intérieur, et la gauche au pouvoir en perdition.

Dans ce climat actuel, les libertés publiques sont menacées par la politique partiale et discriminatoire du gouvernement socialiste, sous l'impulsion du CRIF, (Conseil représentatif des institutions juives de France) et de la LICRA, un lobby au cœur de la République qui s'impose à toute la classe politique française soumise à son influence et souvent à son contrôle.

Les conséquences de la « quenelle de Dieudonné » n'est autre qu' un geste subversif que l'on peut assimiler à un doigt d'honneur contre l'ordre établi et le système de la pensée unique européenne qui nous impose la dévastation des nations et des cultures au nom de la mondialisation, la mise en concurrence déloyale de millions de salariés menacés, la construction forcée d'une Europe sans honneur ni justice et l'hégémonie objective d'une alliance dominante américano - israélienne qui jouit d'une complicité sans bornes du pouvoir et des médias officiels.

La chasse aux sorcières, pour sauver une élite en faillite, et le chantage à l'antisémitisme contre quiconque critiquant publiquement la politique d' Israël s'appliquent dans les médias, et s'opposent à toute personne qui se ferait l'écho d'une idéologie remettant en cause le modèle de domination politique et économique accepté par la communauté internationale.

L'état d'urgence n'est encore pas décrété, et les lois d'exception n'ont pas muselé nos claviers d'ordinateurs, tant le pouvoir socialiste a la tentation de mettre les internautes sous contrôle. Le temps où Dieudonné, complice de la gauche contre le Front national, bénéficiait de la plus totale indulgence est révolu !

CHAPITRE VII

Si la résistance s'organise

Rendre la dette illégitime

La France s'installe dans la dépendance de la dette. Le nouveau salut des peuples dénonce la dette souveraine du pays et appelle à une suspension immédiate du remboursement. L'état de notre économie et d'une partie de la population soumise à la pauvreté sont les conséquences de la crise économique et sociale et de la dette publique. Des engagements financiers inconséquents et incontrôlés sous forme d'emprunts pris par l'État, les collectivités territoriales, les entreprises publiques et de nombreux organismes sociaux ont compromis l'avenir de notre pays pour plusieurs décennies. Dans cette période critique de notre histoire, la dette publique a atteint un niveau astronomique qui ne pourra être épongé que par une longue période de forte inflation, spoliant de nombreux épargnants, et l'Allemagne en tête ainsi que les oligarques de Bruxelles n'autoriseront pas le retour à une croissance vigoureuse. En effet, depuis 1999, l'appartenance à l'Union économique monétaire européenne lie notre destin à la zone économique de l'euro, nous obligeant à respecter le traité de Maastricht avec un déficit public ne devant pas excéder les 3% du PIB (produit intérieur brut). Depuis le début du traité, la France a été incapable de ne respecter aucun des critères et le déficit excessif de ces dernières années conduit de nombreux économistes à évaluer la soutenabilité à long terme du passif des administrations publiques françaises, devenue impossible sans le retour d'une forte croissance. Chaque année pour boucler son budget, les emprunts d'État contractés auprès de prêteurs privés étrangers représentent un montant considérable qui avoisine les 180 milliards d'euros, qui viennent s'ajouter à notre déficit public qui s'élève en 2014 à près de 2000 milliards, et plus encore si l'on doit considérer les retraites des fonctionnaires non financées. L'endettement public augmente plus vite que l'activité économique selon le dernier rapport de la Cour des comptes et les perspectives de la charge des intérêts hypothèquent l'avenir de notre économie pour plusieurs générations. L'insoutenable dette publique est non remboursable, l'État français le sait parfaitement, suspendu aux prochains taux des emprunts à court terme qui l'obligent à recourir à des solutions de répression financière, de nationalisation déguisée des banques et d'une fiscalité confiscatoire. Aujourd'hui, le compteur de la dette publique française défile d'une façon accélérée et vertigineuse. Plus la dette s'accélère plus le montant des intérêts à payer s'accroît et l'impôt sur le revenu des Français ne suffit plus à rembourser les intérêts des emprunts. Cela signifie que les intérêts de la dette sont devenus le premier poste budgétaire de l'état. Ne croyons pas aux miracles, la dette de la France ne sera jamais remboursée si nous ne sortons pas de la récession. La reprise, tant attendue par nos gouvernants, ministres et conseillers, lasse d'attendre un sursaut qui ne vient pas, est en panne. La consommation des ménages en berne, l'investissement des entreprises qui accusent un recul et des exportations en net repli sont les signes du recul de notre économie, dans une zone euro proche d'une croissance nulle. La faible capacité de rebond de l'activité économique compte cinq millions de chômeurs qui constatent quotidiennement qu'aucune reprise n' est à l' œuvre, et des entreprises qui ne se remettront pas à investir et à embaucher dans ce climat d'incertitudes et de menaces croissantes des affaires. Le spectre de la déflation resurgit dans l'Hexagone, et le décrochage de l'industrie avec la multiplication des plans sociaux en cours, un déficit commercial considérable, la délocalisation des usines, la baisse de l'industrie alimentaire et de la construction sont de réels handicaps pour assainir nos finances publiques.

Dans cette perspective, la seule alternative économique est de ne plus payer la dette, comme pour la Grèce ou l'Irlande dont le non-remboursement était inévitable. Pour sortir de cette impasse, le FMI, Fonds monétaire international, prêterait à la France en difficulté avec un taux d'intérêt réduit, en organisant son défaut de paiement auprès des créanciers acceptant de subir une perte, prenant le risque de ne pas être remboursés intégralement. Cette démarche est en accord avec les dirigeants de la Banque centrale européenne (BCE), la Commission de Bruxelles avec le concours des grandes banques privées qui accepteraient de perdre une grande partie des créances en échange de réformes drastiques du pays. Imposer des mesures d'austérité et poursuivre dans cette obsession auraient des conséquences dramatiques et révéleraient auprès du peuple cette dette illégitime, résultat du sauvetage des banques de 2010 et des réductions démagogiques et irresponsables d'impôts du précédent gouvernement Fillon. L'exemple de l'Islande nous prouve que grâce à un remboursement partiel de la dette, le pays a renoué avec la croissance.

Si Hollande, qui s'est fait élire sur le mensonge « la finance est mon ennemi » persiste à infliger au pays des mesures d'austérité en vue du remboursement intégral de la dette, sans mettre en œuvre une réforme fiscale permettant de réduire les déficits publics, il risque de ne pas finir son quinquennat. La cohabitation qui s'annonce sera un moindre mal, s'il veut protéger la Ve République. Un gouvernement qui en a la volonté peut légalement suspendre le paiement de sa dette sans porter atteinte aux droits économiques et sociaux de sa population. Le vent de crise qui frappe l'Europe, et la France en particulier, va entraîner des changements radicaux et profonds qui justifient de ne pas soumettre le peuple à l'esclavage moderne au profit des financiers et des banques. Dans cette logique, les Français sont-ils d'accord pour engager des réformes qui détruiraient le pacte social ?

Abroger la loi Pompidou/Giscard de 1973 qui stipule que l'État devra désormais emprunter à des banques privées avec intérêts et non plus à la Banque de France est un préalable obligatoire. Le système par répartition où l'argent des cotisants sert à payer les retraites ne tient plus la route, avec une croissance en berne, cinq millions de chômeurs et quinze millions d'ayants droit sociaux qui ne cotisent pas. La France est également le pays de l'OCDE qui consacre la part la plus élevée de son PIB (Produit intérieur brut) à payer des fonctionnaires beaucoup trop nombreux, leurs retraites financées par nos impôts et les emprunts mensuellement contractés sur les marchés. La génération du baby-boom a bénéficié des retombées économiques des Trente Glorieuses, la génération née dans les années 1960 connaît la crise financière, l'absence de croissance, la pénurie d'emploi, la retraite sociale et bientôt la faillite.

Une dette économique qui étouffe la croissance inflige à un pays endetté comme la France l'impossibilité d'appréhender son avenir. Que s'est-il passé ? Depuis plus de trente ans, la mise en œuvre des politiques keynésiennes avec la dépense de l'argent public pour soutenir l'économie a tiré inexorablement le pays, comme les pays soviétiques socialisés d'avant la chute du mur de Berlin vers la faillite. Mais ne nous le cachons pas, la dette publique française est essentiellement le résultat de la spéculation financière aggravée sévèrement par l'irresponsabilité de la classe politique qui a dépensé sans compter, année après année, davantage que le montant des recettes fiscales, et a emprunté sur les marchés financiers pour faire fonctionner l'État en tablant sur une croissance future qui n'est jamais suffisamment arrivée pour rembourser ses engagements.

La croissance ne s'achète pas à crédit et elle ne se décrète pas, puissent nos politiques en avoir enfin conscience. Augmenter des impôts confiscatoires et nuisibles pour la croissance et continuer de vivre à crédit, les marchés ne sont plus dupes de notre insolvabilité prochaine.

A l'usage de ceux qui veulent changer la société

En France, la désobéissance civile du peuple s'exprime progressivement par la volonté de ne plus se soumettre aux lois et au pouvoir incarné par les partis traditionnels de notre vie, jugé inique par tous ceux qui le contestent, en faisant de ce refus une arme de revendications et de combat. Dans ce contexte de sévère dégradation, le temps de la révolte et de la résistance est venu, contre la servitude des citoyens qui refusent d'obéir. L'effondrement de l'Etat mené par un gouvernement aux abois, devenu illégitime pousse l'opinion publique à des actes illégaux collectifs pour protester contre l'injustice. Il nous faut radicalement changer le modèle de notre société, face aux périls qui nous menacent. Mais comment faire pour accélérer les changements ? Les constats, les alertes et les analyses qui se multiplient chaque jour nous aident à la prise de conscience de la nécessité d'agir, malgré les lobbies des leaders économiques et politiques, afin d'éviter une sévère dégradation économique, sociale et écologique.

L'incapacité des méta-organisations politiques que constituent l'Etat, l'Union européenne, et le FMI (Fonds monétaire international) n'a généré que l'impuissance du politique face aux exigences des marchés financiers, au détriment de la démocratie et de la protection sociale des populations. Bâtir une nouvelle mobilisation du peuple, dans ce monde postindustriel, sans une confortable croissance économique créatrice d'emplois et de qualité de vie, c'est le socle d'un nouveau modèle qu'il va nous falloir construire. Alors comment faire pour mettre en œuvre des changements radicaux ? Repenser en profondeur les fondements de notre société, en respectant l'être humain et la nature, est susceptible de faire basculer la société vers un monde où les citoyens acceptent plus volontiers de prendre des risques et des responsabilités pour intégrer la mondialisation, perçue par la population française comme un affrontement de deux dogmatismes, celui du marché et celui de l'antilibéralisme obsessionnel de la gauche. Il nous appartient maintenant de tout explorer pour retrouver notre liberté, et la cohérence d'un projet individuel et collectif différent pour se nourrir, se loger, se déplacer, se soigner, travailler et s'épanouir.

Croissance ou décroissance ? Abolir les pleins pouvoirs de l'argent, la compétition dans l'éducation, supprimer la suprématie de l'oligarchie et de la bourgeoisie, transformer les racines du pouvoir par une gouvernance novatrice sont à l'origine de ce formidable mouvement qui cherche à transformer la société et l'individu. La thèse est intéressante mais peu convaincante. Depuis des millénaires, tout concourt à favoriser l'égoïsme fondé sur la réalité économique et l'intérêt individuel. Amasser de l'argent et assurer la sécurité de sa famille renforcent un attachement irrationnel à des croyances. Envisager une humanité irréprochable, non soumise à la tentation, qui soit en harmonie avec des valeurs de fraternité inciterait chaque individu à se préoccuper du bien commun. Une doctrine révolutionnaire doit commencer par changer radicalement la structure juridique et politique de la Ve République. La nouvelle élite, acteur de la grande transformation tiendra un rôle déterminant pour casser le centralisme d'Etat, et offrir une véritable régionalisation des centres de décision. Les crises sont facteurs de création et d'inventivité pour faire basculer les citoyens dans des modes de fonctionnement inconnus à ce jour. Il est évident que les oligarchies qui tiennent l'économie et les orientations du pays depuis 1958 ne répondent plus aux aspirations populaires et ont abouti à l'usure de la démocratie et à l'échec économique que l'on subit, et seront remerciées, voire condamnées pour incompétence. Les grandes tendances seront d'inventer de nouveaux modes de participation à un destin commun basé sur l'autonomie et une capacité à s'emparer des difficultés à franchir pour rompre avec le capitalisme, une étape décisive pour la cohésion nationale.

Un autre modèle radical ? Face aux mensonges de l'État et aux injustices sociales des gouvernements successifs qui se sont rendu sourds à la souffrance du peuple, il faut agir et organiser la riposte. Le soutien économique coûteux aux grandes multinationales qui licencient sera réorienté au profit du tissu économique local ou régional de PME-TPE et des travailleurs indépendants. Une nouvelle démarche de consommation doit s'installer en prenant en compte des petits producteurs agricoles pour leur permettre de vivre décemment sans être écrasés par des centaines de centrales d'achat. Créer des communautés de citoyens contributifs et participatifs contre ce système économique ultra-concentrationnaire, monopolistique et antisocial ouvre de nouveaux horizons et change la société de l'exploitation et de l'exclusion. Il est urgent et opportun de penser à de nouveaux modèles de développement plus économes et plus efficaces. De tels changements auront des incidences sur les transactions économiques, l'organisation de la production, la politique, la culture, l'environnement et sur l'identité même des individus.

Internet change notre rapport au temps. Cet espace commun permet de transporter notre prise de conscience et d'appréhender de nouveaux modes d'organisation en assumant la contradiction, propice à la complexité des opinions qui émergent d'une multitude d'expressions individuelles d'internautes, potentiellement bénéfiques et fructueuses par cet élan novateur, suppose notre capacité d' engager ce bouleversement en faveur de perspectives d'avenir. Une gouvernance biaisée, des replis identitaires, de la manipulation des élites et du pouvoir politique sont autant de dommages qu'il nous faut éviter, condition indispensable pour engager les moyens de maîtriser notre existence et notre devenir par une large mobilisation populaire.

Au vu de la crise profonde que nous traversons, et l'impuissance avérée du politique, des réformateurs sociaux en particulier qui nous promettent depuis deux siècles un monde meilleur, il faut changer radicalement la structure politique et économique, loin des idéologies traditionnelles. Mais comment réussir le changement en éliminant les blocages traditionnels, liés aux habitudes et aux besoins de consommation de millions de femmes et des hommes, et à leurs attachements à des convictions et croyances inhérentes à la vie traditionnelle et à l'héritage de notre histoire ? Tous les discours politiques sont insuffisants pour changer la société et l'orientation du monde, Quelles que soient les circonstances historiques, la violence des conflits économiques, sociaux ou culturels est inévitable. Ni responsables, ni visionnaires, nos gouvernants n'ont plus la capacité de réagir face à ce drame programmé. Si la révolution est en marche, les enjeux prétendent structurer une nouvelle organisation sociale française, voire européenne. De cette confrontation, l'ensemble des citoyens trouvera les ressources nécessaires et suffisantes de changer la société, en brisant l'idéologie dominante du capitalisme, sonnant la fin de la social-démocratie.

Libérer l'économie

La crise bancaire et financière déclenchée en 2007 a entraîné une crise économique et sociale d'une ampleur sans précédent. Dans cette période de déclin durable, le poids excessif des charges sur les entreprises, les marges insuffisantes, la lourdeur des procédures administratives et la rigidité insupportable du code du travail sont des handicaps majeurs qui pèsent sur les entreprises et la création d'emploi. Réconcilier les Français avec le capital et l'investissement, réformer la formation professionnelle et accélérer l'autonomie des universités sont des axes prioritaires à suivre pour regagner le chemin de la croissance. La suppression massive du nombre de fonctionnaires et l'obligation de faire fusionner les départements et les régions, en mettant à la diète la gestion des collectivités locales et territoriales assureraient un retour à l'équilibre budgétaire et feraient partie de la panoplie des bonnes intentions à chaque échéance présidentielle. Pour libérer l'économie et créer de l'emploi, dans cette économie de marché soumise à la concurrence et optimiser les gains de productivité des entreprises représentent des alliances objectives pour une économie libérale. Le nécessaire retour à la croissance passe par le dynamisme entrepreneurial, en encourageant l'innovation et l'éclosion de nouvelles entreprises, TPE-PME agiles et novatrices émergeront, si nous mobilisons des fonds conséquents pour les financer. Aujourd'hui il est urgent d'engager une nouvelle étape contre l'opacité fiscale confiscatoire, et de mettre en cohérence l'action des politiques. La mystique de la croissance, l'obsession du développement et de la consommation représentent un danger pour la France qui ne sait pas ou ne veut pas la maîtriser. Une approche alternative écologique, en tentant de redonner du sens, est rendue invisible, si la culpabilité met en évidence les dégâts du progrès sur la nature et sur les hommes. Dans les pays industrialisés, les entreprises doivent s'habituer à un monde à croissance faible, capable de créer des emplois par la réduction du temps de travail, il n'est pas souhaitable que la puissance publique mène cette transition. Considérer l'emploi comme le seul moyen de créer de la richesse est un poncif qui implique d'envisager des réformes politiques majeures pour une nouvelle « révolution sociétale » pouvant nourrir des alternatives économiques au système capitaliste.

Dans une entreprise, les plans à moyen et long terme doivent être à la fois suffisamment ambitieux pour mobiliser, et réalistes pour ne pas décourager. L'objectif est d'instaurer un fonctionnement clair avec une répartition des missions et des responsabilités. Le transfert systématique par l'État vers les régions par la multiplicité d'agences administratives de développement avec des légions de collaborateurs soumis aux cahiers des charges de ses établissements publics, est un principe à supprimer. Cette stratégie a déjà conduit à l'impasse soutenue par l'impôt, les prélèvements obligatoires, et l'explosion des charges. Pendant que la France constate le nombre de ses emplois perdus mois après mois, les pays qui gagnent ont une approche gagnante de compression des dépenses publiques, et créent des secteurs économiques en plein développement, dans lesquels il est rentable d'investir. Il ne s'agit pas d'une piste de réflexion, mais de changer radicalement les règles du jeu, car les conséquences de l'immobilisme seraient d'une ampleur inédite qui conduirait à l'étranglement de l'activité économique. Les contribuables en ont assez d'assumer les errances d'un modèle en faillite. La question qui se pose est celle de la soutenabilité avec un taux de croissance proche de zéro.

Les banques commerciales se concentrent donc à nouveau sur le métier de base, récolter l'épargne et accorder des crédits aux particuliers et aux entreprises. Cela implique une redéfinition du rôle des banques d'affaires en faveur de la création et du développement des entreprises. Inciter les épargnants à investir prioritairement dans différents actifs du tissu économique, avec de fortes incitations lucratives, peut jouer un rôle déterminant pour les entreprises qui manquent cruellement de fonds propres pour se développer, et de stopper cette hémorragie de pertes de 60 000 entreprises par an, depuis dix ans. Une situation réellement catastrophique.

En finir avec la désinvolture des politiques

Contre l'indécence et la désinvolture des discours des politiques, il nous faut entrer en résistance et cesser la collaboration avec ceux qui occupent le pouvoir. Les Français ont bien compris que la dynamique économique et politique n'est pas au rendez-vous pour cette nouvelle année 2014. Pour amorcer la baisse de la courbe du taux de chômage, il faut regagner de la croissance qui ne se fera qu'avec des réformes audacieuses. Les moteurs de l'économie sont bloqués par des indicateurs trop faibles de croissance. Ce n'est pas de clamer haut et fort qu'il faut taxer plus encore le capital, les risques sérieux de décrochage pour la France nécessitent une vraie restructuration de l'Etat avec courage et détermination. Face à cette politique désastreuse des socialistes, sans le soutien du peuple, la sanction des prochaines élections municipales peut être envisagée. Le déni de réalité s'est emparé de tous les locataires de l'Élysée, et les exercices pédagogiques télévisés successifs relèvent de l'enfumage inconsistant, dense et fort selon l'échiquier politique. Ils traduisent le divorce profond qui existe entre le chef de l'État et la population. La classe politique ne répond plus aux inquiétudes économiques des Français, d'un pays encore en récession. Au fil des années, les citoyens comprennent que leurs dirigeants politiques ne sont pas à la hauteur de la crise financière et économique qui secoue le pays. La nécessité d'émigrer pour survivre, les jeunes Français vont nouer avec un phénomène quasi historique pour la France, et qui va prendre de l'ampleur : l'exil économique va progresser. Plus le chômage s'élève, plus la tendance ne devrait pas s'estomper. Oui, monsieur le président Hollande, l'utilisation des armes chimiques en Syrie est une ignominie, mais avant d'appréhender l'intervention de la force militaire, la désinvolture à l'égard de millions de Français qui attendent des réponses pertinentes à la crise déprime toutes les espérances. Les solutions permettant d'améliorer la situation existent mais il faudrait que les pouvoirs publics et l'Etat fassent de la lutte pour le développement de l'emploi, du retour à la croissance, contre le chômage, de la justice sociale et de la pauvreté la priorité des priorités. Le déclenchement de la révolte est inévitable pour sortir le pays de l'impasse. Les mesures d'austérité ont des chances de se révéler contre-productives en étouffant la croissance, où la dette pèse encore lourdement sur les ménages, comme sur les établissements financiers. Semaine après semaine, les symptômes clés du déclin national, chômage, immigration, crise économique dressent le bilan des engagements non tenus.

La France a-t-elle encore envie d'avenir ? Redresser la compétitivité, monsieur Arnaud Montebourg, ministre du Redressement productif, ne se résume pas au coût du travail, mais suppose d'avoir une vision de la France, et une haute idée de son destin. Les clivages idéologiques doivent disparaître face à cette nouvelle ambition. Seuls les entrepreneurs, les industriels innovants pourront créer de la richesse et de la valeur ajoutée. Les entreprises aux mains de l'Etat sont sur une voie sans avenir. Le déclassement que nous subissons face à notre partenaire allemand est révélateur de notre destin économique qui manque cruellement d'entrepreneurs ambitieux. La France doit reprendre impérativement le contrôle de ses problèmes, le manque de financement des entreprises, établir une fiscalité incitant les investisseurs, favoriser la création d'entreprises, rétablir l'ANVAR (Agence nationale de valorisation de la recherche), pas comme agence nationale, mais la placer sous l'égide d'un conseil privé de la recherche et de la prospective économique, afin d'accueillir des industriels et des chercheurs privés. Encourager des fondations de droit privé par l'octroi de bourses à de jeunes scientifiques et faire de l'université un solide tremplin d'excellence regroupant les grandes écoles pour mettre en œuvre des projets entrepreneuriaux proches des besoins du marché renforceront les PME (Petites et moyennes entreprises) de technologie innovante à forte croissance.

L' insoutenable légèreté des candidats en quête du pouvoir qui décident de tout critiquer quoi qu'il en soit de leur prédécesseur, en promettant aux Français des objectifs illusoires relève de l'indécence, voire de l'insulte dans la crise économique et financière que nous traversons, et provoque souvent des regrets chez « les supporters », et de la haine chez les opposants. La cohésion sociale en danger cherche à échapper au carcan des idéologies. Faut-il coopérer, se résigner ou au contraire se révolter ? Dans ce contexte ultime de dégradation, le temps des hypothèses est dépassé, il faut résister à cette épreuve d'injustices flagrantes et lutter contre les dissimulations afin de construire les fondations de perspectives nouvelles.

Début janvier 2014, la presse officielle a salué le tournant social-libéral du président Hollande qui sort enfin de son déni de réalité, sans pour autant briser les vrais tabous, comme la semaine des trente-cinq heures, ou le nombre exorbitant de fonctionnaires attachés à leur statut mortifère pour l'économie française, et le développement de la croissance. Quel avenir pour les Français ? On peut rester sceptique dans cette crise européenne suspendue à l'impact d'un effondrement de la zone monétaire aux conséquences nécessairement graves et imprévisibles. Si notre économie poursuit sa stagnation, il nous faudra inventer un autre avenir commun et rejeter nos décideurs politiques. L'avenir n'est ni à gauche, ni à droite mais dans la construction d'un nouveau modèle de développement économique et social pour regagner de la croissance, des entreprises performantes, du travail, et de la liberté. Dans cette perspective, la classe politique française ne peut plus se contenter d'entretenir avec le citoyen le clair-obscur permanent, au risque de faire descendre les Français dans la rue, pour renverser le gouvernement actuel en exigeant sa démission.

TABLE DES MATIÈRES

L'HARMATTAN, ITALIA
Via Degli Artisti 15 ; 10124 Torino

L'HARMATTAN HONGRIE
Könyvesbolt ; Kossuth L. u. 14-16
1053 Budapest

ESPACE L'HARMATTAN KINSHASA
Faculté des Sciences sociales,
politiques et administratives
BP243, KIN XI
Université de Kinshasa

L'HARMATTAN CONGO
67, av. E. P. Lumumba
Bât. – Congo Pharmacie (Bib. Nat.)
BP2874 Brazzaville
harmattan.congo@yahoo.fr

L'HARMATTAN GUINÉE
Almamya Rue KA 028, en face du restaurant Le Cèdre
OKB agency BP 3470 Conakry
(00224) 60 20 85 08
harmattanguinee@yahoo.fr

L'HARMATTAN CAMEROUN
BP 11486
Face à la SNI, immeuble Don Bosco
Yaoundé
(00237) 99 76 61 66
harmattancam@yahoo.fr

L'HARMATTAN CÔTE D'IVOIRE
Résidence Karl / cité des arts
Abidjan-Cocody 03 BP 1588 Abidjan 03
(00225) 05 77 87 31
etien_nda@yahoo.fr

L'HARMATTAN MAURITANIE
Espace El Kettab du livre francophone
N° 472 avenue du Palais des Congrès
BP 316 Nouakchott
(00222) 63 25 980

L'HARMATTAN SÉNÉGAL
« Villa Rose », rue de Diourbel X G, Point E
BP 45034 Dakar FANN
(00221) 33 825 98 58 / 77 242 25 08
senharmattan@gmail.com

L'HARMATTAN TOGO
1771, Bd du 13 janvier
BP 414 Lomé
Tél : 00 228 2201792
gerry@taama.net

Achevé d'imprimer par Corlet Numérique - 14110 Condé-sur-Noireau
N° d'Imprimeur : 108597 - Dépôt légal : mai 2014 - *Imprimé en France*

www.ingramcontent.com/pod-product-compliance
Lightning Source LLC
LaVergne TN
LVHW021216061026
849535LV00008B/2766
9782343033075